田中《たなか》の田中《たなか》による田中《たなか》のための本《ほん》

日本《にほん》を動《うご》かした田中一族《たなかいちぞく》【2】

目　次

『古事記《こじき》』第8代《だい》孝元天皇《こうげんてんのう》の段《だん》にこのような記述《きじゅつ》がある
古事記 上
古事記 中
「蘇賀石河宿禰《そがのいしかわのすくね》は蘇我《そが》、川辺《かわべ》、田中《たなか》、高向《たかむく》、小治田《おはりだ》、桜井《さくらい》、岸田《きしだ》ら諸氏族《しょしぞく》の祖《そ》とする」
天武《てんむ》13（684）年《ねん》の八色《やくさ》の姓《かばね》の制定《せいてい》に際《さい》して朝臣姓《あそんかばね》を賜《たまわ》った田中氏《たなかし》の祖先《そせん》は蘇賀石河宿禰《そがのいしかわのすくね》であるという記述《きじゅつ》だ
このように古代《こだい》より日本《にほん》の中枢《ちゅうすう》で活躍《かつやく》してきた田中氏《たなかし》は
富《とみ》の象徴《しょうちょう》である「田《た》」の中心《ちゅうしん》にあって時《とき》の権力者《けんりょくしゃ》を支《ささ》え
田
国《くに》の発展《はってん》に貢献《こうけん》し続《つづ》けてきた

なかでも出色《しゅっしょく》なのは
天下人《てんかびと》を支《ささ》え
筑後《ちくご》で水華《すいか》の国《くに》を築《きず》いた
田中吉政《たなかよしまさ》
激動《げきどう》の戦国《せんごく》時代《じだい》を
表《おもて》と裏《うら》で支《ささ》えた侍《さむらい》商人《しょうにん》
田中清六正長《たなかせいろくまさなが》

茶《ちゃ》の湯《ゆ》で歴史《れきし》を変《か》えた茶聖《ちゃせい》
千利休《せんのりきゅう》こと
田中与四郎《たなかよしろう》

近世《きんせい》で
会津《あいづ》発展《はってん》を支《ささ》えた名家老《めいかろう》
會
田中正玄《たなかまさはる》・玄宰《はるなか》

日本《にほん》の近代化《きんだいか》を大《おお》きく推進《すいしん》させた東芝《とうしば》の創始者《そうししゃ》
田中久重《たなかひさしげ》（からくり儀右衛門《ぎえもん》）
日本初《にほんはつ》の民間製鉄所《みんかんせいてつじょ》を築《きず》き工業立国《こうぎょうりっこく》としての地位《ちい》を築《きず》いた
田中長兵衛《たなかちょうべえ》

時《とき》に権力《けんりょく》と戦《たたか》い
公害《こうがい》から民《たみ》を救《すく》い
公害問題《こうがいもんだい》を世《よ》に知《し》らしめた
上
田中正造《たなかしょうぞう》

昭和《しょうわ》のフィクサーとして
激動《げきどう》の近現代《きんげんだい》において
国益《こくえき》を守《まも》り抜《ぬ》いた
田中清玄《たなかきよはる》

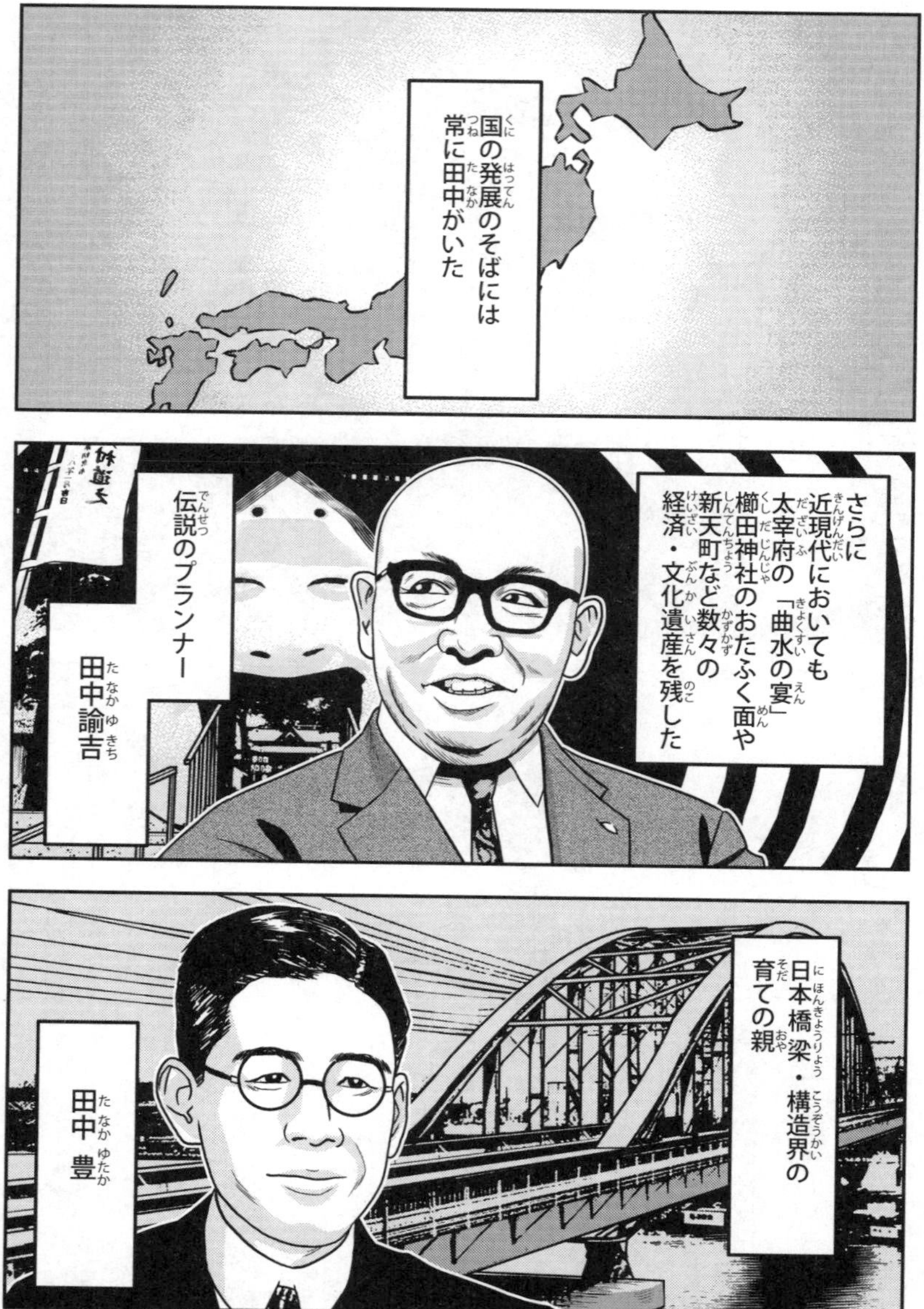
国《くに》の発展《はってん》のそばには
常《つね》に田中《たなか》がいた
さらに
近現代《きんげんだい》においても
太宰府《だざいふ》の「曲水《きょくすい》の宴《えん》」
櫛田神社《くしだじんじゃ》のおたふく面《めん》や
新天町《しんてんちょう》など数々《かずかず》の
経済《けいざい》・文化遺産《ぶんかいさん》を残《のこ》した
伝説《でんせつ》のプランナー
田中諭吉《たなかゆきち》
日本橋梁《にほんきょうりょう》・構造界《こうぞうかい》の
育《そだ》ての親《おや》
田中《たなか》 豊《ゆたか》

日本《にほん》の博物館《はくぶつかん》の父《ちち》
田中芳男《たなかよしお》
第《だい》26代《だい》 内閣総理大臣《ないかくそうりだいじん》
田中義一《たなかぎいち》
日本《にほん》の危機《きき》を救《すく》った
2人《ふたり》の総理大臣《そうりだいじん》など
第《だい》64・65代《だい》
内閣総理大臣《ないかくそうりだいじん》
田中角栄《たなかかくえい》
田中《たなか》はいたるところで
時《とき》に影《かげ》となり
社会《しゃかい》に貢献《こうけん》してきた

田中
田中《たなか》は決《けっ》して
平凡《へいぼん》な名字《みょうじ》ではない
古代《こだい》より続《つづ》く
名門《めいもん》田中氏《たなかし》の血《ち》を継《つ》ぐ
全国《ぜんこく》130万人余《まんにんあまり》の
精鋭《せいえい》たちが
今日《きょう》も世《よ》のため人《ひと》のため
力《ちから》を尽《つ》くしている
田中《たなか》は世界《せかい》を動《うご》かす力《ちから》を
持《も》っているのだ

〔発刊に寄せて〕

先祖が残してくれた自己肯定感

福岡と東京を拠点に、国内、アジアで事業を展開する不動産投資のコンサルタント事業を手掛けています。

不動産業とは現状の需要と供給を満たすことはもちろん、将来の需要にも応えられる物件を企画、提案することが重要だと考えています。例えば、建物を新築する場合、不動産物件情報の取得と精査から現状を分析します。そして、10年後、20年後の都市計画や人口動態、年齢別人口分布など物件の価値に影響を与える様々な情報を基に予測を行い、現状の相場と照らし合わせて最適なプランをご提案できるよう心掛けています。

不動産事業は街づくりの一部です。マーケットに適した物件情報を提供することが、街の発展の役に立つことだと考えています。

私は20代で起業しました。会社経営には様々な課題や問題が生じますが、これまで事業を続けてくることができたのは、生来の高い自己肯定感が幸いしているようです。先祖がしっかりとした功績を残してくれているおかげで、自分にも出来るという強い信念を持てたのだと思います。物事を肯定的に捉える考え方は、田中家の資質の一つでしょう。

また、年齢を重ねるにしたがい、見えない何かに守られていると感じることが増えましたし、それは神仏であり先祖だと思います。

先祖の思いは、親の教えや家に伝わる言い伝えやそれを体系化した家訓などに込められています。私自身、幼少期から親の考え方に触れ、所作など躾を厳しく指導されました。利よりも義を重んじ、取引において品を失わない心得など、経営者としての心得も身に付けることができました。様々な場面で判断や決断を求められることが増えましたが、おかげで、判断を誤らずに済んだことが多々あります。

令和の時代に入り、国と国との争いや異常気象など、将来に対する不安が大きく、まさに、時代の過渡期にあると思います。私にも幼い娘と息子がいますが、この子たちが成人する頃、世の中は想像も出来ないほど変わっていることでしょう。しかし、田中家の自己肯定感の高さで乗り切ってくれるものと期待しています。

《家　訓》

一．当家の男は飲酒、喫煙厳禁（身体は天からの預かりもの、大切にせよ）

二．利より義を優先せよ

三．己を行なうに恥あり（自分の行動に責任を持ち、恥ずかしいことをしない）

四．早起きを心掛け、遅刻は厳禁

五．負け戦をさけ、機を見て出直せ

六．子の教育において、絶対に手を上げてはならない（対人関係に弱くなるという理由）

七．当家の者は賭け事で勝つ才能は無いので絶対に手を出すな

八．当家の者は些細な悪事でも必ず明らかになる定めなので、真直ぐに正直に生きよ

九．迎え三歩送り七歩（人と出逢うときよりも別れ際が大切）

令和5年10月　田中稔眞

日本を代表する発明家

田《た》中《なか》久《ひさ》重《しげ》

（からくり儀《ぎ》右衛《え》門《もん》）

私《わたし》たちが普段《ふだん》
当《あ》たり前《まえ》のように使《つか》っている
様々《さまざま》な道具《どうぐ》・日用家電《にちようかでん》
さらに　それらを
動《うご》かす電気《でんき》の供給《きょうきゅう》
そういった数多《かずおお》くの
「便利《べんり》なモノ」のルーツを
たどると　幕末《ばくまつ》～維新《いしん》の
大変革期《だいへんかくき》を生《い》きた
一人《ひとり》の発明家《はつめいか》にたどり着《つ》く
日本《にほん》の文明開化《ぶんめいかいか》を加速《かそく》させ
「技術大国《ぎじゅつたいこく》」へと押《お》し上《あ》げた
「からくり儀右衛門《ぎえもん》」こと
田中《たなか》久重《ひさしげ》である
その生涯《しょうがい》もまた
波乱《はらん》に満《み》ちていた

久重《ひさしげ》（儀右衛門《ぎえもん》）は寛政《かんせい》11（1799）年《ねん》筑後久留米藩《ちくごくるめはん》のべっ甲細工職人《こうざいくしょくにん》の息子《むすこ》として生まれた
儀右衛門《ぎえもん》よ 細工《さいく》の仕事《しごと》を見《み》ていて面白《おもしろ》いか？
うん！
田中久重《たなかひさしげ》
やれやれ…
儀右衛門《ぎえもん》 これを読《よ》むといい
これは…からくりの本《ほん》だ！
父親《ちちおや》が与《あた》えたのは茶運《ちゃはこ》び人形《にんぎょう》などからくりの仕組《しく》みが図解《ずかい》とともに精密《せいみつ》に描《えが》かれた
「機巧図彙《からくりずい》」という本《ほん》だった

それから数年後《すうねんご》
近所《きんじょ》で機織《はたお》りを営《いとな》む一人《ひとり》の女性《じょせい》が田中屋《たなかや》に相談《そうだん》に来《き》た
この霜降《しもふ》り模様《もよう》も今《いま》じゃ新鮮味《しんせんみ》がなかとです
みんなが驚《おどろ》き喜《よろこ》んでくれる色々《いろいろ》な模様《もよう》が作《つく》れたら
井上《いのうえ》伝《でん》
うーん お伝絣《でんがすり》に新《あたら》しい模様《もよう》か…
井上《いのうえ》伝《でん》は「久留米絣《くるめがすり》」の考案者《こうあんしゃ》で幼少《ようしょう》から機織《はたお》りの技術《ぎじゅつ》を身《み》につけ12歳《さい》で模様《もよう》入《い》りの「お伝《でん》がすり」を発明《はつめい》
どうやらお伝《でん》さんとは気《き》が合《あ》いそうです
よし！すぐに考《かんが》えてみましょう

坊《ぼ》っちゃんが からくり儀右衛門《ぎえもん》なら こっちはトンカラお伝《でん》ったい!
わははは
あの二人《ふたり》… ずいぶんと楽《たの》しそうに 話《はな》しておるのう
困《こま》ったもんや からくりなんぞに のぼせてから
はーっ 稼業《かぎょう》を継《つ》いで くれんかのう
久重《ひさしげ》は考案《こうあん》を重《かさ》ね
絵絣《えがすり》を紡《つむ》ぐ手法《しゅほう》 「板締《いたじ》め」を完成《かんせい》させた
久重《ひさしげ》の案《あん》をもとに 久留米絣《くるめがすり》はさらに バリエーションを広《ひろ》げ
改良《かいりょう》を重《かさ》ねながら 伝統工芸《でんとうこうげい》としての地位《ちい》を確立《かくりつ》 これは 久重《ひさしげ》の自信《じしん》にも つながった

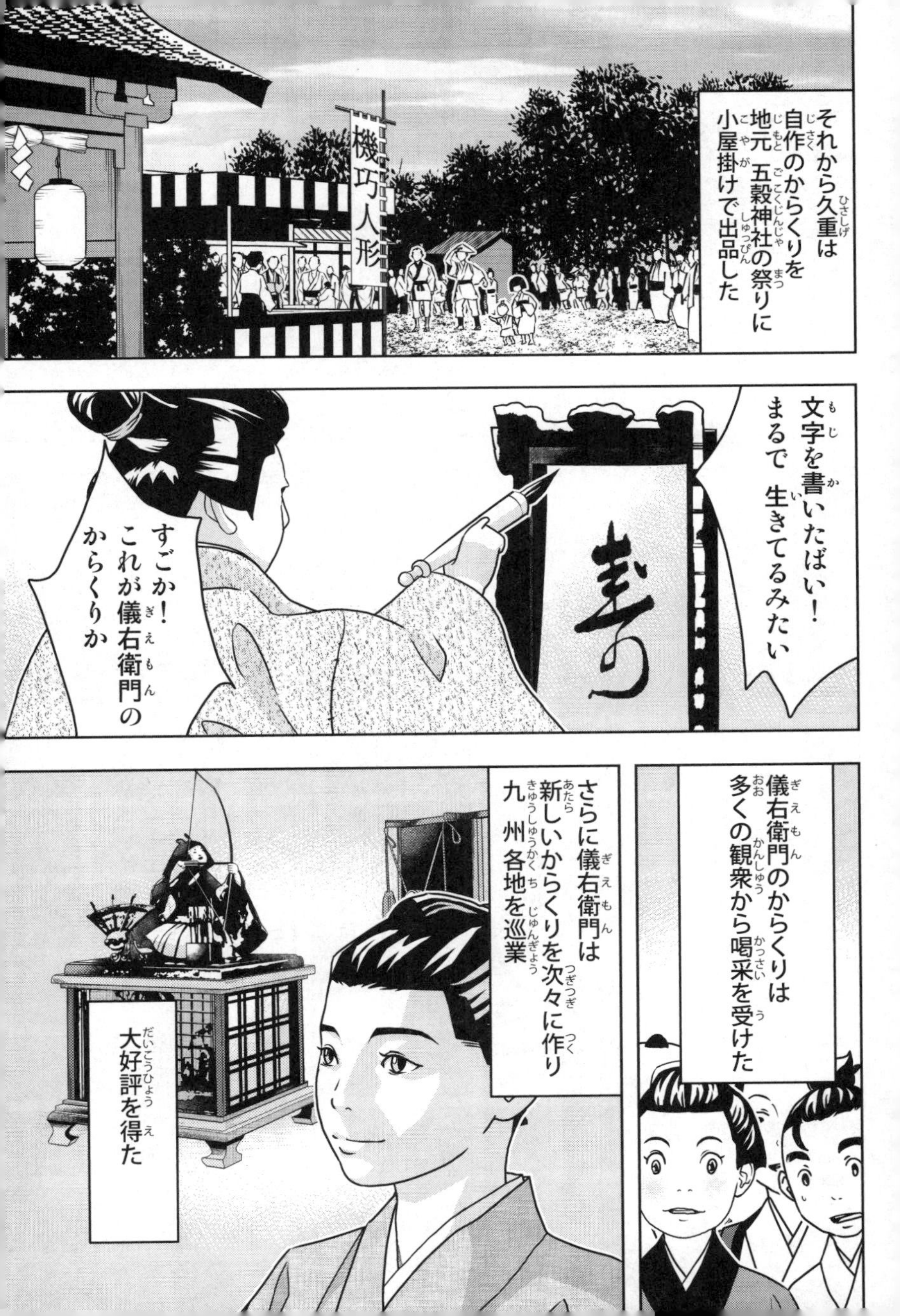
それから久重《ひさしげ》は自作《じさく》のからくりを地元《じもと》 五穀神社《ごこくじんじゃ》の祭《まつ》りに小屋掛《こやが》けで出品《しゅっぴん》した
機巧人形
文字《もじ》を書《か》いたばい！まるで 生《い》きてるみたい
すごか！これが儀右衛門《ぎえもん》のからくりか
儀右衛門《ぎえもん》のからくりは多《おお》くの観衆《かんしゅう》から喝采《かっさい》を受《う》けた
さらに儀右衛門《ぎえもん》は新《あたら》しいからくりを次々《つぎつぎ》に作《つく》り九州《きゅうしゅう》各地《かくち》を巡業《じゅんぎょう》
大好評《だいこうひょう》を得《え》た

そして 久重《ひさしげ》 23歳《さい》の頃《ころ》
与志《よし》と結婚《けっこん》
稼《かせ》ぎを得《え》ようと
家族《かぞく》を残《のこ》して
全国巡業《ぜんこくじゅんぎょう》の旅《たび》に出《で》た
大坂《おおさか》での興行《こうぎょう》は大成功《だいせいこう》
大金《たいきん》を手《て》にした儀右衛門《ぎえもん》は
次《つぎ》に江戸《えど》を目指《めざ》した
しかし…
機巧人
機巧
今日《きょう》も雨《あめ》か
旦那《だんな》 客《きゃく》はなくても
雇《やと》い分《ぶん》の銭《ぜに》は…
分《わ》かっているよ
…いちからやり直《なお》しや
長雨《ながあめ》にたたられ
江戸《えど》での興行《こうぎょう》は 大失敗《だいしっぱい》に終《お》わり
久留米《くるめ》に戻《もど》ることを余儀《よぎ》なくされた

留守中《るすちゅう》に父《ちち》 そして 母親《ははおや》が 亡《な》くなっていたのである
私《わたし》を からくり狂《ぐる》いと あざ笑《わら》う者《もの》もいる
たしかにその通《とお》りや 好《す》き勝手《かって》なことをやり続《つづ》け 父《ちち》も母《はは》も死《し》に目《め》に会《あ》えん 親不孝《おやふこう》もんや
作《つく》り続《つづ》けてくださいませ
ひとのお役《やく》に立《た》てるからくりを
作《つく》り続《つづ》けてくださいませ
……ああ

与志《よし》 ここが新《あたら》しい拠点《きょてん》や
はい！
久重《ひさしげ》は久留米《くるめ》で立《た》て直《なお》し大坂《おおさか》に拠点《きょてん》を構《かま》えた
だめやだめや 単《たん》に驚《おどろ》かせるだけの娯楽《ごらく》ではいかん
人《ひと》が喜《よろこ》び役《やく》に立《た》つものでなければ
外《そと》に出《で》て頭《あたま》を冷《ひ》やすにもこんな夜中《よなか》じゃ真《ま》っ暗《くら》で…まてよ…
夜中《よなか》どこでも持《も》ち運《はこ》べる燭台《しょくだい》！そうや！
そして 完成《かんせい》したのが「懐中燭台《かいちゅうしょくだい》」である
折《お》りたたむと手《て》のひらにおさまる仕掛《しか》けの懐中燭台《かいちゅうしょくだい》は優《すぐ》れた携帯性《けいたいせい》とユニークさが好評《こうひょう》で飛《と》ぶように売《う》れた

これで家族《かぞく》の暮《く》らしも楽《らく》になる
しかしその矢先《やさき》……
天保《てんぽう》8（1837）年《ねん》大坂東町奉行《おおさかひがしまちぶぎょう》の元与力《もとよりき》大塩平八郎《おおしおへいはちろう》は民衆《みんしゅう》の窮状《きゅうじょう》に目《め》もくれず横暴《おうぼう》を尽《つ》くす役人《やくにん》や豪商《ごうしょう》に業《ごう》を煮《に》やし私兵《しへい》をもって決起《けっき》
救民
救民
救民
救民
群衆《ぐんしゅう》を巻《ま》き込《こ》んだ私兵《しへい》たちは大坂《おおさか》の町《まち》を焼《や》き払《はら》った
全《すべ》て焼《や》け落《お》ちた町《まち》がこんなに真《ま》っ暗《くら》だったなんて…
何《なに》もかも失《うしな》ってしまった
案《あん》ずることはない

私《わたし》の財産《ざいさん》は
全《すべ》てここに入《はい》っている
久重《ひさしげ》は
伏見《ふしみ》の知《し》り合《あ》いを頼《たよ》り
拠点《きょてん》を移《うつ》し
時計《とけい》の修理《しゅうり》で食《く》いつないだ
もう
日没《にちぼつ》ですよ
そういえば
与志《よし》に見《み》せたい
ものがある
大坂《おおさか》で長《なが》い夜《よる》
不自由《ふじゆう》をした時《とき》
思《おも》いついたものが
あっての
これや
まあ 明《あか》るい

ひとたび油《あぶら》をさせば人体《じんたい》の血液《けつえき》のように昇降循環休《しょうこうじゅんかんやす》むことがないゆえに無尽灯《むじんとう》と名付《なづ》けた
久重《ひさしげ》が作《つく》った「無尽灯《むじんとう》」はろうそくの10倍《ばい》の明《あか》るさで従来《じゅうらい》の行灯《あんどん》よりはるかに明《あか》るくしかも油《あぶら》をさす手間《てま》を大幅《おおはば》に減《へ》らした発明品《はつめいひん》だった
「無尽灯《むじんとう》」は懐中燭台《かいちゅうしょくだい》と同様《どうよう》良《よ》く売《う》れた
そもそも「時《とき》」の運行《うんこう》とはなんなのだろう
私《わたし》は時間《じかん》のことを知《し》らずに時《とき》を刻《きざ》む機械《きかい》を修理《しゅうり》している
一刻《いっこく》日《ひ》の登《のぼ》りは夏《なつ》・冬《ふゆ》によって違《ちが》う
学《まな》ばねばならん

こうして久重《ひさしげ》は天文学者《てんもんがくしゃ》の戸田東三郎《とだとうざぶろう》のもとで天文学《てんもんがく》を学《まな》ぶことにした
その後《ご》 陰陽総司《おんみょうそうじ》 土御門家《つちみかどけ》に入門《にゅうもん》し 近江大掾《おうみだいじょう》の称号《しょうごう》を与《あた》えられ「田中近江大掾源久重《たなかおうみだいじょうげんひさしげ》」を名乗《なの》るようになる
そして 自分《じぶん》の全《すべ》てを注《そそ》ぎ込《こ》んだ作品《さくひん》を生《う》んだ「万年時計《まんねんどけい》（万年自鳴鐘《まんねんじめいしょう》）」である
台座《だいざ》の上《うえ》に六面《ろくめん》のそれぞれには 西洋時計《せいようとけい》 和時計《わどけい》 七曜表《しちようひょう》 二十四節《にじゅうしせつ》 月《つき》の満《み》ち欠《か》け 十二支《じゅうにし》を示《しめ》す盤《ばん》を持《も》ち 頂点《ちょうてん》の球体《きゅうたい》では 太陽《たいよう》と月《つき》の運行《うんこう》を球《きゅう》の動《うご》きで表《あらわ》す
ねじを一度《いちど》巻《ま》けば 1年間《ねんかん》動《うご》き続《つづ》けるという 画期的《かっきてき》なものだった
嘉永《かえい》4（1851）年《ねん》 久重《ひさしげ》は完成《かんせい》した 万年時計《まんねんどけい》を引《ひ》っ提《さ》げて 京都四条通《きょうとしじょうどおり》に店《みせ》を移《うつ》した

これが新《あたら》しい店《みせ》 その名《な》も 機巧堂《からくりどう》たい！
機巧堂
ここからまた 出発《しゅっぱつ》ですね
様々《さまざま》な発明品《はつめいひん》が 店《みせ》に並《なら》べられたが 一番《いちばん》の目玉《めだま》は 「万年時計《まんねんどけい》」だった
万年時計《まんねんどけい》をひと目見《めみ》たいと 人々《ひとびと》が押《お》し寄《よ》せ 機巧堂《からくりどう》は大繁盛《だいはんじょう》だった
店《みせ》も大《おお》きくなったし 職人《しょくにん》も随分《ずいぶん》増《ふ》えた
機巧堂
働《はたら》き者《もの》の 跡継《あとつ》ぎもいる
久重《ひさしげ》は 姉《あね》げんの長男《ちょうなん》 岩吉《いわきち》を婿養子《むこようし》に迎《むか》えていた
私《わたし》もそろそろ…
隠居《いんきょ》ですか？

そろそろ 次《つぎ》の学問《がくもん》を学《まな》びたい
これからは 蘭学《らんがく》ばい！
53歳《さい》の頃《ころ》 広瀬元恭《ひろせげんきょう》の「時習堂《じしゅうどう》」に 蘭学《らんがく》を学《まな》びに行《い》く
広瀬《ひろせ》 元恭《げんきょう》
時習堂《じしゅうどう》には 新《あたら》しい知識《ちしき》を 求《もと》める人物《じんぶつ》が集《つど》い 後《のち》に日本赤十字社《にほんせきじゅうじしゃ》の祖《そ》となる 佐賀藩士《さがはんし》 佐野常民《さのつねたみ》も 机《つくえ》を並《なら》べていた
佐野《さの》 常民《つねたみ》
田中殿《たなかどの》 一緒《いっしょ》に 佐賀藩《さがはん》へ来《き》ては いただけぬか？
佐賀《さが》では何《なに》を？
国産《こくさん》の蒸気船《じょうきせん》を 作《つく》るのです ぜひお力《ちから》を！

蒸気船《じょうきせん》…
与志《よし》…
好《す》きになさいませ
久重《ひさしげ》は佐賀《さが》に移《うつ》り 藩《はん》の精錬方《せいれんかた》（理化学研究所《りかがくけんきゅうじょ》）や 三重津海軍所《みえつかいぐんしょ》で蒸気機関《じょうききかん》の開発《かいはつ》に 全精力《ぜんせいりょく》を傾《かたむ》けた
ちょうどペリーが 浦賀《うらが》に来航《らいこう》した頃《ころ》である
また 久重《ひさしげ》は 技術《ぎじゅつ》の習得《しゅうとく》もかねて 岩吉《いわきち》とその息子《むすこ》の岩次郎を 呼《よ》び寄《よ》せた
しかし そんな中《なか》で 不幸《ふこう》は起《お》こった

岩吉《いわきち》と岩次郎を同時《どうじ》に失《うしな》ったのである
長崎《ながさき》行《い》きに同行《どうこう》していた佐賀藩士《さがはんし》 秀島藤之助《ひでしまふじのすけ》の乱心《らんしん》によるものだった
一体《いったい》なぜこんなことに…
二人《ふたり》への一番《いちばん》の供養《くよう》は…
この巨大《きょだい》なからくりを完成《かんせい》させることかもしれん
深《ふか》い悲《かな》しみの中《なか》久重《ひさしげ》は力《ちから》を振《ふ》り絞《しぼ》って国産初《こくさんはつ》の蒸気機関《じょうききかん》を完成《かんせい》
これは後《のち》に佐賀藩《さがはん》の「凌風丸《りょうふうまる》」にとりつけられた
ある日《ひ》久留米藩《くるめはん》からの使者《ししゃ》が久重《ひさしげ》のもとに訪《おとず》れた
近江《おうみ》(久重《ひさしげ》)殿《どの》は久留米藩《くるめはん》の宝《たから》だぜひ戻《もど》ってきてはくれまいか

今《いま》は困《こま》る！久重翁《ひさしげおう》は佐賀藩《さがはん》の宝《たから》や！
元《もと》は久留米《くるめ》の人《ひと》ばい！
まぁまぁ…
結果《けっか》久重《ひさしげ》は両藩《りょうはん》の仕事《しごと》をかけもちすることになった
久留米藩《くるめはん》に居《きょ》を移《うつ》した久重《ひさしげ》はすでに老境《ろうきょう》に入《はい》っていたがさらに発明《はつめい》の道《みち》を突《つ》き進《すす》んだ
中《なか》でも八十ポンド砲（アームストロング砲）の国産化成功《こくさんかせいこう》は維新《いしん》の戦《たたか》いにも大《おお》きく影響《えいきょう》を及《およ》ぼした
撃《う》て！
命中《めいちゅう》！
うむ
近江《おうみ》！
はっ

見事《みごと》である！
藩主《はんしゅ》 鍋島《なべしま》 直正《なおまさ》
他《ほか》にも製氷機《せいひょうき》 自転車《じてんしゃ》 写真機《しゃしんき》などを制作《せいさく》 日本《にほん》の近代工業《きんだいこうぎょう》の礎《いしずえ》を築《きず》いた
しかし 明治《めいじ》になって 数年《すうねん》が経過《けいか》し 日本《にほん》の技術改革《ぎじゅつかいかく》の中心《ちゅうしん》は 東京《とうきょう》に集中《しゅうちゅう》していた
与志《よし》 ちょっと話《はなし》が
次《つぎ》はどちらへ 出発《しゅっぱつ》ですか？
お見通《みとお》しやな
久重《ひさしげ》が次《つぎ》に選《えら》んだのは 東京《とうきょう》だった

万
東京進出後《とうきょうしんしゅつご》
港区《みなとく》に「珍器製造所《ちんきせいぞうじょ》」を設立《せつりつ》
電信機《でんしんき》の制作《せいさく》を手掛《てが》け
機械修理《きかいしゅうり》なども行《おこな》い 徐々《じょじょ》に
規模《きぼ》も大《おお》きくなっていた
明治《めいじ》8（1875）年《ねん》には
銀座《ぎんざ》に移転《いてん》し 本格的《ほんかくてき》な
電機工場《でんきこうじょう》「田中製造所《たなかせいぞうじょ》」を設立《せつりつ》
看板《かんばん》にはこう書《か》かれていた
「からくりで世《よ》の役《やく》に立《た》ちたい」
久重《ひさしげ》の原点《げんてん》への回帰《かいき》である
万般ノ機会考案ノ依頼ニ応ズ
久重《ひさしげ》は喜寿《きじゅ》を過《す》ぎても
発明《はつめい》と工夫《くふう》を重《かさ》ね
困《こま》っている人《ひと》には
手《て》を差《さ》し伸《の》べながら
新《あら》たな「からくり」を
次々《つぎつぎ》に世《よ》に出《だ》していった
そんな中《なか》
妻《つま》の与志《よし》が病《やまい》に倒《たお》れた
今度《こんど》は私《わたし》が
先《さき》に旅立《たびだ》つことに
なりそうです
与志《よし》…
今日《きょう》こうして
私《わたし》があるのは
支《ささ》えてくれた
おまえがいたからや

明治《めいじ》9（1876）年《ねん》 久重《ひさしげ》の妻《つま》 与志《よし》は この世《よ》を去《さ》った
そして その5年後《ねんご》 明治《めいじ》14年《ねん》11月《がつ》7日《か》
久重《ひさしげ》も東京《とうきょう》の自宅《じたく》で 永眠《えいみん》した（享年《きょうねん》82）
久重《ひさしげ》の没後《ぼつご》 養子《ようし》の大吉《だいきち》が事業《じぎょう》を受《う》け継《つ》ぎ 明治《めいじ》15（1882）年《ねん》に 田中製造所《たなかせいぞうしょ》は東京芝区《とうきょうしばく》に 新工場《しんこうじょう》として移転《いてん》 後《のち》に社名《しゃめい》を「芝浦製作所《しばうらせいさくじょ》」と改《あらた》める
この工場《こうじょう》が発展《はってん》して 昭和《しょうわ》14（1939）年《ねん》に 東京芝浦電気株式会社《とうきょうしばうらでんきかぶしきかいしゃ》（現《げん》 東芝《とうしば》） となった 東芝《とうしば》は久重《ひさしげ》の精神《せいしん》を引《ひ》き継《つ》ぎ 様々《さまざま》な日本初《にほんはつ》の商品《しょうひん》を 世《よ》に送《おく》り出《だ》した
知識《ちしき》は失敗《しっぱい》より学《まな》ぶ 事《こと》を成就《じょうじゅ》するには
志《こころざし》があり 忍耐《にんたい》があり 勇気《ゆうき》があり 失敗《しっぱい》があり その後《ご》に 成就《じょうじゅ》があるのである
小《ちい》さなからくりに始《はじ》まり やがて 国《くに》の将来《しょうらい》を 動《うご》かすまでになった 久重《ひさしげ》の発明《はつめい》 ものづくりの心《こころ》は 今《いま》も私《わたし》たちの暮《く》らしのそばに 生《い》き続《つづ》けている

日本を代表する発明家

田《た》中《なか》久《ひさ》重《しげ》（からくり儀《ぎ》右《え》衛《も》門《ん》）

わずか9歳で発明品をつくる

東洋のエジソン。こう呼ばれた日本を代表する発明家がいた。本名、田中久重。「からくり儀右衛門」の名でも親しまれ、日本経済をけん引してきた東芝の創始者でもある。

久重は、寛政11（1799）年9月18日、久留米藩（現在の福岡県久留米市）城

下の腕の良い鼈甲《べっこう》細工師だった田中彌右衛門《やえもん》の長男として生まれた。幼名を岩次郎、儀右衛門、明治頃から久重と名前を変えているようだ。

発明家としての才能は早くから認められる。儀右衛門は9歳から寺子屋に通い始めるが、子供たちの中でもズバ抜けて優秀だった。一方で、幼いこともあり、いたずらの対象となることもあった。しかし、儀右衛門は、これをからくりで解決する。ある時、硯箱にいたずらされるようになった。そこで、儀右衛門少年は開かずの硯箱を考案した。紐を引き出しにつけ、紐の捻り方で開けたり閉めたりできるというものだ。仕組みを知らない者には、この硯箱を開けることができない。開けられるのは儀右衛門だけであった。これが、儀右衛門にとって最初のからくり物となる「開かずの硯箱」である。この硯箱は友人ばかりか、先生も驚かせた。儀右衛門はすでに発明家への道を歩み始めていた。

儀右衛門の実家に近い五穀神社では毎年、祭りが行われていた。祭りでは芝居や見世物が人気だったが、次第にからくり人形の出し物が人気となり、いつしか展示物の大半を占めるまでになる。儀右衛門も21歳頃には祭りのからくり人形を作っていた。様々な工夫を凝らした儀右衛門の人形は、訪れる人々を大いに楽しませ評判を呼んだ。「からくり儀右衛門」と呼ばれ始めたのはこの頃からであろう。「からくり」とは、機械的な仕組みのことをいう。からくりは、人形だけでなく様々な分野の機械的な仕組みとして生かされる。儀右衛門は、このからくりで世の中に貢献するようになるのだ。

久留米絣《くるめがすり》の産業化を後押し

からくりの才能は、地元で生まれた「久留米絣」でも発揮された。久留米絣は、直接白布に柄を描く友禅、生地の一部をつまみ糸で括《くく》って染める絞《しぼり》などと異なり糸の段階で染めるのが特徴である。染めて模様の入った糸で柄を合わせながら織る。そのため、絵柄などの模様を織り上げるための設計図が不可欠となる。糸から織物をつくる製織にも熟練の技が求められる。

この技法を作り上げたのは、井上伝《いのうえでん》という12歳の少女であった。伝は天明8

（1788）年に久留米藩の城下町で生まれた。8歳頃から木綿織を習っていたが、使っているうちに擦れた部分の染料が白い斑点となっている紺無地の木綿の古着に興味を持つ。普通なら、興味を持った段階で終わるものだが、伝はその着物の糸を解いた。機械の仕組みに興味を持った研究者が機械を分解する発想と同じである。伝も科学的な発想ができる少女だったのであろう。そういうところは儀右衛門と似ている。

伝は、解いた糸と同じになるよう白糸の束を他の糸で括って藍で染めてみた。糸で括ったのは、その部分を染めないためである。そうして、藍で染まった青色と糸で括ったことで藍に染まらずに白地が残った糸で織ると、面白い模様ができた。日本三大絣と呼ばれる久留米絣はこうして生まれたのだ。

絣は綿を素材に織ったもので、夏は涼しく冬は暖かく感じる。また、藍で染めると殺菌効果もある。着るほどに風合いが出てくるのも絣の魅力である。丈夫で普段着としても着ることができるため、伝が考案した絣は大変な人気を集め、伝は久留米絣の創始者として弟子をとるほどになった。

伝は、もっと様々な絵柄を入れたいと考えた。しかし、糸を染める段階から柄に合わせた染め方をしなければならないため、複雑な絵柄を織るとなれば難易度が上がり工程も複雑になる。

織物は経糸《たていと》と緯糸《よこいと》で織る。絣を織る工程は、経糸を上下に開口させ、その間を舟形をした小型の杼《ひ》と呼ばれる用具を使って緯糸《よこいと》を通し、織り目をしっかりと密にするために筬打《おさう》ちを行う。この手法で伝が望むような複雑な柄を織り込もうとすると、緯糸を数種類、併せて同じ数の杼を用意しなければならない。これでは、相当な作業量と時間が必要になる。出来上がったとしても、とても庶民が着ることのできるような値段では売れない。大量生産も難しいため、一部の人しか手が出せない。これでは、伝が目指す大衆に着てもらうための普段着にはほど遠い。

そこで、伝は儀右衛門に相談を持ち掛けた。儀右衛門15歳、伝26歳であった。伝と儀右衛門は家が近かった。伝が相談すると、儀右衛門は複雑な鳥や花など、様々な柄を織る場合でも一つの杼で織ることができるような仕掛けを考案し、伝が抱えていた難題を見事に解決してしまう。絣の風合いを保ちながら、複雑な模様を織ることができるようになった伝の久留米絣は、一大産業へと成長を遂げる。

人や社会の役に立つ発明をしたい

儀右衛門を跡継ぎにしたいと考えていた父・彌右衛門であったが、当の本人は、「からくりで身を立て社会に貢献したい」と跡目を弟に譲り、自らは発明やからくりの世界にのめり込んでいく。

文政7（1824）年には肥後や肥前、大坂、京都などを回り、からくり興行で成功を収めた。特に、大坂での成功は大きかった。

しかし、天保時代に藩政改革が行われるようになると、庶民の娯楽が制限され各地でのからくり興行もできなくなる。そこで、天保5（1834）年、大坂に居を移し実用品の開発を始めた。儀右衛門36歳であった。

大坂でも精力的に発明に取り組んだ。照明器具もその一つである。当時、照明器具といえば、行灯《あんどん》や提灯《ちょうちん》、燭台などであった。燃料は菜種油や木蝋燭《もくろうそく》を使っていた。行灯は皿の上に種油を注ぎ、その種油に灯芯を浸す。種油が灯芯で吸い上げられ点火する仕組みである。その炎が光源となるのだが、使用する側にとっては不便や不満もあった。種油を入れる器には皿を用いるため、一度に多くの油を入れられないし油がこぼれやすく火事の心配もある。また、明るさが足りず夜は仕事ができない。特に、商人たちは行灯の不便さを感じていた。

そこで、儀右衛門は新しい照明装置の開発を手掛ける。そうして考案したのが、「無尽燈《むじんとう》」である。無尽燈は、土台の油槽に溜めた菜種油を空気の圧力を使って、細長い管を60㎝上の灯芯まで押し上げる仕組みになっている。高い位置から照らすため、行灯などより格段に明るい。しかも、安定して油を供給できるので長時間の使用にも耐える画期的な照明器具だった。明るい照明が出現したことで、「商品の良し悪しを判別できる」、「夜でも帳簿付けなどの仕事ができる」と商売熱心な大坂商人から熱烈に歓迎された。

儀右衛門は折りたたみ式の懐中燭台も発明し、評判を呼んだ。

最高傑作「万年時計」

儀右衛門の発明の原点は、幼い頃に考案し、それを見た旧友や先輩、教師が驚き楽しむ姿を嬉しいと感じた「開かずの硯箱」にある。人や社会との関わりのなかで、社会的な課題を解決するために自分に与えられた才能を生かしたいという思いへと変わっていく。儀右衛門の発明家、技術者としての向上心は年と共に衰えるどころか、高まり続ける。

弘化《こうか》4（1847）年、儀右衛門は数え年49にして西洋で発達した天文学や数理学を学ぶため、当時、天文暦学の総本山とも称された土御門家に入門する。儀右衛門は非常に探究心が強く、天文学や数理学、蘭学なども学び、様々な知識をどん欲に吸収した。無尽燈は、西洋のランプにヒントを得て作ったもので、蘭学の知識を生かした一例でもある。日本の伝統や価値観、技術にとらわれることなく、新しいもの、人々の役に立つものを一途に追い求める儀右衛門の発明家としての生き様が表れている。嘉永2（1849）年、儀右衛門は嵯峨御所大覚寺より最も優れた職人に与えられる「近江大掾《おうみだいじょう》」の称号を賜る。

そうやって習得した天文学の知識を生かし、とうとう独創的な時計を創り出す。嘉永3（1850）年に完成させた「須弥山儀《しゅみせんぎ》」は仏教の宇宙観を表現した天体時計の銘品である。また、嘉永4（1851）年にはからくり時計の最高傑作「万年時計（万年自鳴鐘《じめいしょう》）」を作った。

万年時計は6つの側面を持ち、それぞれの面に時計が配置されていて、洋式時計と当時の時の概念を用いた「不定時法」で同時に時を刻んだ。当時は、1日を昼と夜に分けそれをさらに6等分した。それぞれに十二支をあてた「刻」で表すとともに七曜、二十四節気、月の満ち欠けなどの表示機能も併せ持っていた。これだけの複雑な動きを、わずか2組のゼンマイから動力を伝え全体を動かすのである。当時の時計は、一度ゼンマイを巻くと1日から2日程度で止まるものが一般的だったが、儀右衛門の万年時計は、一度ゼンマイを巻くと1年間も動く。万年時計は1000程もの部品で構成されているが、儀右衛門はこれらのほとんどを手作りし、自力で組み立てた。

ずば抜けた技術の高さに劣らないほどの美しい装飾も人々をひきつけた。まさに、儀右衛門が幼少の頃から学んできたからくり細工の技術と、天文学など西洋の知識や技術の集大成として出来上がった傑作である。万年時計は世界から絶賛され、儀右衛門は近代科学技術史に残る天才機械技術者として名を遺した。万年時計は平成18（2006）年には国の重要文化財に指定された。儀右衛門は、他にも目覚まし機能を付けた「枕時計」など独創性に富んだ時計を作っている。

日用品の発明だけでなく、嘉永5（1852）年、日本で初めてとなる蒸気船の模型を製作し、関白・鷹司政通《たかつかさまさみち》より「日本一の細工師」の看板を授かるなど、その名声はますます高まった。

幕末、明治期の近代化に貢献

そんな儀右衛門の才能を頼りにしたのは、民間人ばかりではなかった。安政元（1854）年、田中家は佐賀に移る。当時の佐賀藩は、西欧列強に対する危機感を抱いていた藩主鍋島直正が富国強兵を推し進めるため、嘉永《かえい》3（1850）年に反射炉の建設に着手するなど西洋技術を積極的に取り入れていた。併せて、優秀な人材を集め技術を研究し製品を開発するための「精煉方《せいれんかた》」を設置するなど、当時の日本において最も近代化が進んでいた藩の一つであった。儀右衛門は、息子と共にその精煉方で勤務することとなった。

精煉方では、ロシアの蒸気機関車の模型を参考にして、国内初となる蒸気機関車の模型を作って、鍋島直正の前で走らせている。また、実用の蒸気船を研究し製作も手掛ける。文久元（1861）年、三重津海軍所（2015年「明治日本の産業革命遺産」として世界遺産に登録）で、佐賀藩がオランダから購入した軍艦「電流丸」の蒸気罐《ボイラー》を受け持ち、2年後の文久3（1863）年には、国内初となる実用級の蒸気船「凌風丸《りょうふうまる》」建造における中心メンバーとなった。蒸気船の開発において、幕府や他の藩との開発競争で抜け出した存在となった佐賀藩の海軍力は、他の藩を凌駕するほど力を持つようになっていた。

精煉方は電信機の製作にも携わることとなる。電信機は、電信符号を送受信する機器のことで、船の運航には欠かせない通信機器である。電信機にはモールス電信機、ブレゲ指字電信機があったが、久重たち精煉方ではどちらも製作していたようだ。

佐賀藩は藩政改革を強力に推し進め、経済的にも軍事的にも力を蓄えていくが、隣国・久留米藩では藩政改革が遅れ、佐賀藩に水をあけられていた。藩政改革の効果を上げるためには優秀な人材が不可欠であると考えた久留米藩は、自藩の出身である儀右衛門に白羽の矢を立て佐賀藩に申し入れる。しかし、佐賀藩としても儀右衛門ほどの人材を簡単に手放すはずがない。儀右衛門としても、最先端の西洋の技術や情報と優秀な人材が揃った環境から離れることは後ろ髪を引かれる思いである。それでも、久留米藩は自分の故郷。役に立ちたいという思いは強い。結局、儀右衛門親子は佐賀藩と久留米藩の両方に仕える。

儀右衛門の獲得に成功した久留米藩は、鑓水古飯田《やりみずふりゆうでん》に久留米製造所を設立。儀右衛門は責任者となって、工場や溶鉱炉、鉄鋳砲工場などを整備し、慶応2（1866）年に80ポンド砲の大砲を完成させた。大砲の試射を行うと、2里半（約10km）も飛び関係者を驚かせたという。儀右衛門等の働きで久留米藩は近代化に向け大きく前進することになる。翌慶応3（1867）年には、久留米藩が採用していた西洋式の小銃を模造、その質の高さに藩主も大いに喜んだという。工場での生産量は増え、それに合わせて設備も拡大、従業員も100名余に達していたようだ。

しかし、明治4（1871）年に廃藩置県が実施され藩がなくなると、それらの事業も停止となる。儀右衛門は、その後も様々な機械の製造を続けるが、明治6（1873）年1月、一家と弟子たちを連れて東京に移ることを決意する。

80歳を過ぎても発明の意欲は衰えず

既に73歳と齢を重ねた儀右衛門を動かしたのは、明治政府の要請であった。新政府は、近代化に必要な通信関連の技術向上に儀右衛門の力を必要としたのだ。上京した儀右衛門は、電信機づくりに取り掛かり、輸入品に劣らない品質と輸入品以上の操作性を併せ持った電信機を完成させ、政府の期待に応えた。さらに、明治8（1875）年7月、儀右衛門75歳にして銀座に工場兼店舗を開く。これが、後の東芝へと発展する。

儀右衛門は、依頼に合わせて電気計器や木綿糸取機、羅針盤など様々なものを作り上げ、80歳を過ぎてもその創造への意欲は衰えを知らなかったという。明治11（1878）年、アメリカから輸入された電話機から独自に電話機をつくり出した。さらに同年、「報時器」を作り、日本全国に時報を伝えることを可能にした。

からくり儀右衛門として様々な発明品や技術を世に送り出した田中久重は、明治14（1881）年11月7日、東京の自宅で亡くなった。享年82。

発明家として、国力の向上や人々の生活を豊かにすることに多大な貢献を果たした「からくり儀右衛門」こと田中久重は、一方で、その後の日本経済の発展に寄与した経営者や技術者を輩出することでも大きな貢献を果たしている。

日本近代製鉄の礎を築いた男

田中長兵衛《たなかちょうべえ》

「鉄《てつ》は産業《さんぎょう》の米《こめ》」という言葉《ことば》がある
自動車《じどうしゃ》をはじめとする 交通《こうつう》 建築《けんちく》 生活用品《せいかつようひん》 工業機械《こうぎょうきかい》 インフラ…
これらは全《すべ》て鉄《てつ》なくしては成《な》り立《た》たない
日本《にほん》が急速《きゅうそく》な近代化《きんだいか》を遂《と》げ工業立国《こうぎょうりっこく》としての地位《ちい》を築《きず》いた背景《はいけい》にも「鉄《てつ》」があった
その重《おも》い扉《とびら》を開《あ》けたのが「鉄屋《てつや》」田中長兵衛《たなかちょうべえ》である

長兵衛《ちょうべえ》は 天保《てんぽう》5（1834）年《ねん》
遠江国《とおとうみのくに》（現在《げんざい》の静岡県《しずおかけん》）で誕生《たんじょう》
鐵 鐵 鐵
10代《だい》の頃《ころ》 立身出世《りっしんしゅっせ》を夢《ゆめ》みて 江戸《えど》で銅物問屋《どうものといや》を開《ひら》いていた 親類《しんるい》の喜兵衛《きへえ》のもとへ行《い》く
長兵衛《ちょうべえ》は 本当《ほんとう》に鉄《てつ》が好《す》きだな
はい！
熱《ねっ》すれば柔《やわ》らかく 冷《ひ》やせば何《なに》より硬《かた》い 鉄《てつ》は面白《おもしろ》い！
やがて長兵衛《ちょうべえ》は結婚《けっこん》し 「鐵屋《てつや》」と屋号《やごう》を掲《かか》げて 独立《どくりつ》した
鐵屋

時《とき》は幕末《ばくまつ》 各藩《かくはん》が
武力《ぶりょく》を強化《きょうか》する中《なか》で
鉄《てつ》の需要《じゅよう》は高《たか》く
長兵衛《ちょうべえ》の店《みせ》は
薩摩藩御用達《さつまはんごようたし》となった
生涯《しょうがい》を通《つう》じての右腕《みぎうで》となる
横山久太郎《よこやまきゅうたろう》も店《みせ》に入《はい》ってきた
久太郎《きゅうたろう》は まじめでいい奴《やつ》だ
何《なに》より 鉄《てつ》に対《たい》する愛情《あいじょう》がある
成長《せいちょう》した長男《ちょうなん》
安太郎《やすたろう》も手伝《てつだ》い始《はじ》め
明治維新《めいじいしん》の大変革《だいへんかく》の中《なか》
長兵衛《ちょうべえ》の事業《じぎょう》は
順調《じゅんちょう》に拡大《かくだい》していった
横山久太郎《よこやまきゅうたろう》
長兵衛《ちょうべえ》の子《こ》 安太郎《やすたろう》

時《とき》は経《た》ち 時代《じだい》も落《お》ち着《つ》き始《はじ》めた 明治《めいじ》17（1884）年《ねん》
製鉄所《せいてつじょ》？
はい 釜石《かまいし》にある 洋式《ようしき》の製鉄所《せいてつじょ》です
これを買《か》い取《と》って 再《ふたた》び火《ひ》を入《い》れていただきたい！
ふむ…
ひとまず 現場《げんば》を見《み》ましょう
明治政府《めいじせいふ》は 鉄《てつ》の重要性《じゅうようせい》を見込《みこ》んで 明治《めいじ》13（1880）年《ねん》 巨額《きょがく》を投《とう》じ 釜石《かまいし》に製鉄所《せいてつじょ》を建設《けんせつ》した
しかし 洋式《ようしき》の製鉄《せいてつ》は 簡単《かんたん》には進《すす》まず わずか3年足《ねんた》らずで製鉄所《せいてつじょ》は 頓挫《とんざ》していたのだった

足元《あしもと》にお気《き》をつけください
何《なん》と…
使《つか》えないものばかりではないか!
しばらく放置《ほうち》されていましたので…
長兵衛《ちょうべえ》は一旦《いったん》返事《へんじ》を保留《ほりゅう》し東京《とうきょう》に戻《もど》った
あの様子《ようす》では金《かね》がいくらあっても足《た》りん

これからの日本《にほん》にとって製鉄《せいてつ》は必須《ひっす》工業《こうぎょう》の〝血液《けつえき》〟です誰《だれ》かが再建《さいけん》しなければ…
私《わたし》も同感《どうかん》です
安太郎《やすたろう》…
稼業《かぎょう》がいくら成功《せいこう》しても国《くに》が滅《ほろ》べば無意味《むいみ》でしょう
父上《ちちうえ》の心《こころ》はもう決《き》まっているのではありませんか？
そうだな
鐵屋《てつや》を名乗《なの》っているからには後《あと》には引《ひ》けん！

長兵衛《ちょうべえ》は
製鉄所《せいてつじょ》の払《はら》い下《さ》げを
受《う》けることを決《き》めた
長兵衛《ちょうべえ》は 横山《よこやま》を総責任者《そうせきにんしゃ》とし
釜石製鉄所《かまいしせいてつじょ》の
再開《さいかい》に向《む》けて出発《しゅっぱつ》した
しかし やるとは決《き》めたが
分《わ》からないことだらけだった
焼成《しょうせい》と焼結《しょうけつ》の違《ちが》いって何《なん》だ？
自分《じぶん》で調《しら》べろ！
そんな状況《じょうきょう》を救《すく》ったのが
職人《しょくにん》の高橋亦助《たかはしまたすけ》

※出銑《しゅっせん》…高炉《こうろ》から溶《と》けた銑鉄《せんてつ》を取《と》り出《だ》す工程《こうてい》

ゴボゴボ
ゴボゴボ
これは…
手順《てじゅん》は完璧《かんぺき》だったのですが…
まあ気《き》にせずに…最初《さいしょ》から首尾《しゅび》よくいくわけがない
そ その通《とお》りですな!
しかし 何度《なんど》やっても結果《けっか》は変《か》わらなかった
何《なに》がいかんのだろう?
考《かんが》えられることは全《すべ》て試《ため》したのですが

長兵衛《ちょうべえ》も東京《とうきょう》の店舗《てんぽ》と
釜石《かまいし》の製鉄所《せいてつじょ》を何度《なんど》も往復《おうふく》した
考《かんが》えられることは全《すべ》て試《ため》したのですが…
ゴボ
ゴボ
まったく出口《でぐち》が見《み》えん
これで43回目《かいめ》になるな
そんなある日《ひ》
長兵衛《ちょうべえ》は横山《よこやま》を本社《ほんしゃ》に呼《よ》び寄《よ》せた
失敗《しっぱい》はいつまで続《つづ》くのだろう?
ぐっ

それをなんとかするのが 社長《しゃちょう》の仕事《しごと》です 現場《げんば》の気持《きも》ちは ただ一《ひと》つ 国《くに》の未来《みらい》のため
我々《われわれ》は成功《せいこう》するまで 必死《ひっし》で続《つづ》ける それだけです
…その通りだ
一方《いっぽう》 釜石《かまいし》の現場《げんば》では——
所長《しょちょう》が東京《とうきょう》に 呼《よ》ばれたのは何故《なぜ》だ?
知《し》らんよ
まさか 閉鎖《へいさ》するつもりでは…
お前《まえ》たち! 弱音《よわね》を吐《は》くな!

親方《おやかた》 この鉄鉱《てっこう》は
本当《ほんとう》に使《つか》えないのかな？
不純物《ふじゅんぶつ》が多《おお》いから
捨《す》てたんだが
一度《いちど》 使《つか》ってみるか！
長が戻る前に
成功《せいこう》させるぞ！
真《ま》っ赤《か》な鉄《てつ》でお迎《むか》えだ！
おう！

火力《かりょく》上《あ》げろ！
おう！
流《なが》すぞ！
これが予想外《よそうがい》の
結果《けっか》を生《う》んだ
ゴゴゴゴ……

ゴゴゴゴ
鉄《てつ》だ…
これこそ本物《ほんもの》の鉄《てつ》だ!
挑戦《ちょうせん》を始《はじ》めてから
49回目《かいめ》にしての成功《せいこう》だった
この快挙《かいきょ》はすぐに
東京《とうきょう》へ知《し》らされ長兵衛《ちょうべえ》たちも
駆《か》けつけて全員《ぜんいん》で祝《いわ》った

その後《ご》　長兵衛《ちょうべえ》たちは
「釜石鉱山田中製鉄所《かまいしこうざんたなかせいてつじょ》」
を設立《せつりつ》
純国産《じゅんこくさん》の鉄《てつ》を
順調《じゅんちょう》に生産《せいさん》した
分工場《ぶんこうじょう》なども新設《しんせつ》し
増産体制《ぞうさんたいせい》に入《はい》り
大量《たいりょう》かつ上質《じょうしつ》な鉄《てつ》を供給《きょうきゅう》して
日本《にほん》の近代化《きんだいか》に多大《ただい》な貢献《こうけん》をした
長兵衛《ちょうべえ》たちの
決意《けつい》と努力《どりょく》がなければ
今《いま》の日本《にほん》は
なかったかもしれない

田中製鉄所《たなかせいてつじょ》は
長兵衛《ちょうべえ》の死後《しご》に安太郎《やすたろう》が
二代目《にだいめ》長兵衛《ちょうべえ》として後《あと》を継《つ》ぎ
現在《げんざい》は
「日本製鉄東日本製鉄所釜石地区《にほんせいてつひがしにほんせいてつじょかまいしちく》」
として　鉄《てつ》の生産《せいさん》を続《つづ》けている
「鐵屋《てつや》」の精神《せいしん》は
これからも脈々《みゃくみゃく》と
受《う》け継《つ》がれていくのである

日本近代製鉄の礎を築いた男
田中長兵衛《たなかちょうべえ》

明治政府の官省御用達商人として鉄、兵糧《ひょうろう》を供給

日本の近代製鉄の基礎を築いた人物に、田中長兵衛親子がいる。

田中長兵衛は天保5（1834）年、遠州国《とおとうみのくに》（静岡県）に生まれた。江戸で鉄・銅物問屋を営む親戚の「鉄屋喜兵衛」で奉公を積み安政3（1856）年、暖簾を分けてもらい「鐵屋」の屋号で江戸の麻布飯倉に金物屋を開業した。

その後、商いに精を出す長兵衛は、縁あって三田の薩摩藩上屋敷に出入りを許される。次第に信用を得て薩摩藩の御用達として兵糧方を任されるまでになる。それを機に元治《げんじ》元（1864）年、水運の便のよい京橋区北紺屋町の大根河岸に店を移した。深川・冬木町の精米所から隅田川を使って河岸の倉庫に米を運ぶ米穀問屋としての商いのためだ。長兵衛は、商いを通じて西郷隆盛や松方正義など薩摩藩出身者との人脈を築き、薩摩藩からの信任も得ていった。これが、その後の田中商店の発展を後押しすることにもなった。

徳川幕藩体制が終わり、時代は明治に入った。新政府は明治維新に功績があった薩摩、長州、土佐、肥前の出身者や三条実美《さんじょうさねとみ》、岩倉具視《いわくらともみ》など一部の公家が要職に就き、新しい国づくりを推し進める。その中で多くの薩摩藩出身者が重職についた。長兵衛は、旧薩摩藩の御用達時代から築いた人脈を生かし「官省御用達商人」に指定される。請け負ったのは、主に造船用の鉄材と兵員用の食糧などの兵站《へいたん》である。明治新政府は、西欧列強から国を守るため軍事力の強化を図っていたことから、長兵衛の商いは栄え大きな財をなすようになる。

国家事業でも挫折

「鉄は国家なり」は、ドイツ帝国首相のビスマルクの演説から生まれた有名な言葉である。鉄は、大砲や戦艦など軍事力強化には欠かせない。また、人や物資を大量、しかも迅速に移動させる鉄道や船、橋にも鉄が必要となる。近代化を目指し、西欧列強に追いつくことが日本を守る道であると考える明治政府にとって、鉄は絶対に必要なものであった。しかし、日本の製鉄技術は海外に後れを取っていた。そのため、鉄は輸入に頼っていたのだ。鉄の安定的な確保は、明治政府にとっての生命線であり、そのために鉄の国産化は至上命題でもあった。

日本の近代製鉄は、岩手県釜石市から始まった。明治7（1874）年、当時工《こう》部卿《ぶきょう》であった伊藤博文の発議により、同年5月に工部省鉱山寮釜石支庁が置かれた。橋野、栗林などの鉱山を官営化し、翌年から工場建設を始めた。イギリス式の設備や工法を推すドイツ人技師ルイス・ビヤンヒーの案を採用し、7万坪余の土地に溶鉱炉はじめ銑鉄《せんてつ》工場や錬鉄工場などを建設、鉱山や港を結ぶ鉄道も敷設するなど大規模な事業である。イギリス人やドイツ人技師も雇い入れ、工事は進められた。

明治13（1880）年9月、製鉄所が完成。高炉の火入れを行い1日に7トンの銑鉄を生産した。ここから生産量を増やす計画であったのだが、燃料となる木炭の不足などから操業わずか97日で製錬を中止する事態に陥る。15（1882）年3月に操業を再開するが、鉱石運搬上の不具合や技師の不足、製鉄技術者の熟練度の低さなどもあり、上手くいかない。さらに、物価高騰などのあおりをうけてコストが経営を圧迫、ついに翌16（1883）年に廃止が決まった。明治政府が莫大な資金を投じた事業は失敗に終わったのである。

この頃、政府は深刻な財政難に見舞われていた。殖産興業を目的とした官営事業は奮わず、財政立て直しの必要もあり、事業や設備が企業家たちに払い下げられていた。このあたりの事情は、昔も今も変わらないようだ。

製鉄所設備は付帯していた汽船、官舎、鉄道、機関車、レールと分割されて払い下げられていったが、工場設備や原料の鉱物などは手つかずの状態で放置されていた。政府が莫大な資本を投入したにもかかわらず頓挫した事業で、しかも設備費や運営費で巨額の資金を必要とするだけに、製品化できない原料を引き受ける者は現れない。

「自分以外に引き受け手はいない」

長兵衛が工部省鉄山残務係から呼び出しを受けたのはその頃だ。釜石鉱山の処分についての相談であった。長兵衛が目にした製鉄所はひどく荒廃していた。大橋鉱山や鉄道、道路、機械類は壊れ、使える状態ではない。従業員家屋もすでに払い下げられ撤去された後だった。まさに廃墟といった様子である。しかし、残っているものもあった。何百万トンもの埋蔵量の鉱石だ。

「採算のとれる仕事ではない」と感じた。しかし、長兵衛は引き受けた。工部省から戻った長兵衛は番頭の横山久太郎《よこやまきゅうたろう》に、「長らく鉄で商いをさせてもらってきた。自分以外に引き受け手はないと思い引き受けてきた」と語った。商人としての気概が、そうさせたのであろう。

長兵衛は政府から処分を任され、久太郎を連れて釜石を訪れる。当初、政府から依頼された払い下げ品は処分する予定であったが、番頭の久太郎は採掘された鉱石で製鉄をやりたいと考えていた。横山久太郎、この男がいなければ民間初の製鉄所の誕生は遅れていたかもしれない。

長兵衛と久太郎の出会いは、明治９（１８７６）年のことである。久太郎は奉公していた鉄物商を辞め、実業家になる志を立て京浜方面に向かっていた。その途中で偶然にも田中長兵衛と出会う。すぐに久太郎を気に入った長兵衛は、自分の店で久太郎を雇うことにした。長兵衛42歳、久太郎20歳であった。

長兵衛が見込んだ通り、久太郎は真面目でよく働き商いの才覚もある。店の者にも評判がよかった。久太郎は長兵衛の期待に応え、ますます信頼されるようになる。明治11（１８７８）年には横須賀支店の支配人に抜擢され、米穀と鉄材の輸入を手掛ける。久太郎を高く評価する長兵衛は、久太郎を二女茂登子と結婚させた。

48回の失敗

全幅の信頼を寄せている久太郎が、製鉄事業をやりたいと言い出した。久太郎には、ある思いがあった。横須賀支店の支配人であった久太郎は、海外から輸入する鉄材の取扱高を把握していた。会社にとっては大きな商いであるが、日本の金が海外に出ていく。重要な鉄を国内で賄えない状況を、何とかしなければならないという思いを抱いていた。払い下げ品の処分のための作業を行いながらも、製鉄業への思いを捨てきれずにいたのだ。

久太郎は、製鉄所の一角に小型の高炉を作り、製鉄を試みる。小型といっても製鉄となると金がかかる。久太郎は主人の長兵衛に頼み込む。長兵衛にとっては処分するつもりで引き受けた仕事であったが、久太郎の熱意に押し切られ事業化を託すことにした。

技術者も雇い入れ、製鉄に取り組むことになったが、国が莫大な資本を投入し、外国の技術者とイギリス製の最新設備を導入しても成功しなかった事業である。民間企業が自力で事業化できる可能性を信じる者などいなかったであろう。

予想通り、失敗の連続であった。溶鉱炉内の温度が上がらず、鉄が固まってしまう。試行錯誤を繰り返しながら失敗すること48回。成功の兆しが見えないまま赤字ばかりが膨らむ状況に、さすがの長兵衛も撤退を決め、久太郎も腹をくくるところまで追い詰められた。ところが、49回目で見事に成功させた。久太郎の執念と長兵衛の忍耐が実を結んだのだ。明治19（1886）年10月のことである。

外国産を凌駕する品質

事業化の可能性が見えた。明治20（1887）年2月、長兵衛は大蔵卿に釜石の土地や諸機械、建物の払い下げを願い出ると、5月に許可が下りた。それをもって、同年7月、「釜石鉱山田中製鐵所」を設立。本店は東京の田中商店内に置き、横山久太郎は初代所長として釜石の製鉄所を運営、製品の販売は長兵衛の長男安太郎が受け持った。

創業当時の生産能力は、日産11トン。当初は、洪水や暴風雨などの自然災害と火災に見舞われ思うように生産できなかった。銑鉄を積んだ船が暴風雨で沈没するなどの事故にも遭い、決して順風満帆とはいかなかったが、それでも高炉を増設し生産力を高め、明治24（1891）年には日産25トン、年産9000トン体制をつくり上げた。生産力だけでなく、製鉄技術も高め、品質の向上を図った。

その間、明治23（1890）年、大日本帝国陸軍の兵器工場である大阪砲兵工《こう》廠《しょう》の弾丸製造実験で、外国産を上回るという評価を得る。技術で遅れていたために品質が劣るとされていた国産の鉄が、ついに外国産を凌駕した。釜石製鐵所の製品に対する信頼は高まり、軍からの需要も増大した。

官営八幡製鉄所の操業を支援

釜石鉱山田中製鐵所は、本格的な増産のために高炉や工場設備の改良・増設をすすめる。その結果、明治25（1892）年の出銑量は1万2000トンに達した。明治27（1894）年の初めには釜石での砂鉄生産量が中国地方のそれを上回り、国内銑鉄生産の6割以上を占めるまでになった。7月25日に日清戦争が勃発し鉄鋼の需要が急増したが、釜石鉱山田中製鐵所では大高炉の操業によりこれに応えている。

この頃になると、官営の製鉄所建設が再度、求められるようになる。政府は、北九州に官営八幡製鉄所の建設を計画し、明治27（1894）年12月、農務省大臣の榎本《えのもと》武揚《たけあき》が視察のため釜石を訪れる。そして、明治31（1898）年には政府から3年後に操業を予定している官営八幡製鉄所の鉱石調達を命じられ、探鉱、運鉱を増強するなど釜石はますます活況を呈した。釜石で積み上げてきた技術や知恵は、八幡製鉄所でも生かされる。明治34（1901）年八幡製鉄所が操業を始めるが、田中製鐵所から高炉作業の技術者7名を派遣、操業を支援した。

この年の11月7日、国内初の製鉄所を作り、明治日本の近代化を支えた田中長兵衛が亡くなった。享年67。長兵衛の跡は長男の安太郎が継ぎ、2代目長兵衛を襲名した。2代目とはいえ、製鉄事業に関しては立ち上げから関わってきた。番頭の横山久太郎が「釜石で製鉄事業をやらせてほしい」と初代長兵衛に頼み反対された際、久太郎と一緒になって頭を下げ許可を取り付けてくれた。安太郎は釜石で生産される鉄の販売を担い、製鉄所の発展を支えてきた盟友であり、久太郎と安太郎は製鉄事業の両輪であった。

2代目長兵衛は、田中製鐵所の設備の拡張を行い、体制強化を図る。

海外の鉱山開発にも進出

田中商店は、釜石での経験を生かし、海外での事業にも着手した。時代は少し戻り明治27（1894）年、日清戦争が勃発した年に台湾の金爪石地区で金鉱が発見された。台湾を統治していた日本政府は金鉱採掘禁止令を出し、29年には鉱業管理規則を発布。長兵衛は金瓜石での採掘権を取得すると、現地で田中組を組織する。

明治31（1898）年、田中組は金爪石鉱山での採掘を始める。日本式の採掘で生産量を増やし、明治35（1902）年には年間の金の産出量が2万両を超えた。

その後、金だけではなく大規模な銅鉱も発見され、アジア一の金属鉱山と呼ばれるほどに栄えた。

大正2（1913）年には、台湾3金山の一つに数えられた牡丹抗鉱山を買収し、事業規模をさらに拡大したが、大正14（1925）年には事業から撤退した。

鉄で国家を支え続ける

2代目長兵衛は明治36（1903）年、釜石に製銅工場を建設し民間初となる銑鉱一貫体制を確立、第三高炉の火入れを行うなど設備の充実を図った。翌37（1904）年に起きた日露戦争によって鉄の需要は急増するが、続けてきた生産力拡充への取り組みで需要に対応し政府の期待に応える。

しかし、明治38（1905）年に戦争が終結すると、一転して日本経済は不況にみまわれる。鉄の需要も激減した。設備の増強などで立て直しを図るが、会社は資金不足に陥る。大正3（1914）年7月には、三井鉱山への譲渡も進められていたが、8月に第一次世界大戦が勃発し、日本がドイツに宣戦布告すると状況は一変した。翌年には、ロシアやイギリス、アメリカへの輸出が増加し、日本経済は不況から脱出、好景気に沸いた。

釜石も息を吹き返した。釜石銑の需要が激増し、鉄鉱の価格も高騰する。田中商店は、経営危機を脱したばかりでなく再び工場の拡張を行った。

大正6(1917)年4月1日、株式会社に組織を変更し田中鉱山株式会社を設立した。資本金1000万円、社長は2代目田中長兵衛、専務取締役には横山久太郎が就任した。

しかし、翌7(1918)年、第一次世界大戦が終結すると再び鉄の需要は落ち込み、製鉄業界は不況に突入する。海外から安価な銑鉄が輸入されるようになると、さらに製鉄業界を取り巻く環境は悪化、田中鉱山の経営も一気に苦しくなる。工場の休止や合理化を図るが、業績悪化に歯止めがかからない。追い打ちをかけるように、大正12(1923)年9月1日、関東大震災が発生、本社が全焼する。

その後、業務を再開するが融資の引受先もなく、長兵衛は大正13(1924)年3月6日、三井鉱山へ会社を譲渡した。その後、釜石鉱山株式会社に名を変え、三井鉱山株式会社の傘下に置かれた。

田中製鐵所の歴史は40年ほどで幕を閉じたが、国家の命題でもあった日本近代製鉄の基礎を築いた。田中長兵衛親子と横山久太郎が日本近代化に果たした功績は計り知れない。

日本初の公害問題と戦った哲人

田《た》中《なか》正《しょう》造《ぞう》

長《なが》きにわたって
小学校国語《しょうがっこうこくご》の授業《じゅぎょう》で紹介《しょうかい》された
足尾銅山鉱毒事件《あしおどうざんこうどくじけん》の話《はなし》
国語
⑥
年生
田中正造《たなかしょうぞう》の名《な》も
これによって広《ひろ》く
知《し》られることになった
上
最《もっと》も有名《ゆうめい》な正造《しょうぞう》の写真《しゃしん》は
髪《かみ》も髭《ひげ》も伸《の》び放題《ほうだい》で
表情《ひょうじょう》は険《けわ》しく
そして　どこか哀《かな》しそうだ
正造《しょうぞう》の顔《かお》に　この　〝年輪《ねんりん》〟を
刻《きざ》み込《こ》んだ歴史《れきし》を
たどってみたい

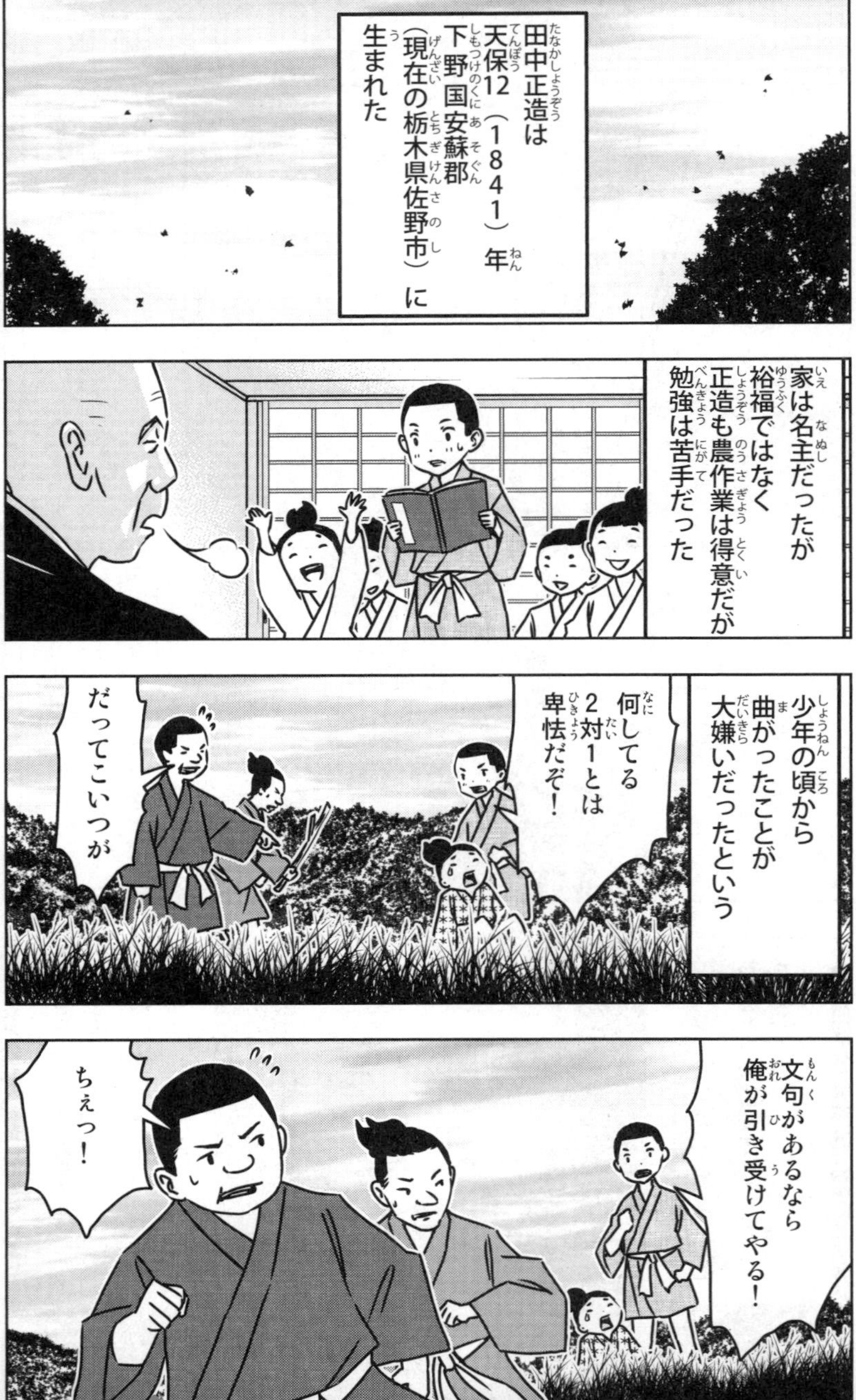
田中正造《たなかしょうぞう》は天保《てんぽう》12（1841）年《ねん》下野国安蘇郡《しもつけのくにあそぐん》（現在《げんざい》の栃木県佐野市《とちぎけんさのし》）に生《う》まれた
家《いえ》は名主《なぬし》だったが裕福《ゆうふく》ではなく正造《しょうぞう》も農作業《のうさぎょう》は得意《とくい》だが勉強《べんきょう》は苦手《にがて》だった
少年《しょうねん》の頃《ころ》から曲《ま》がったことが大嫌《だいきら》いだったという
何《なに》してる2対《たい》1とは卑怯《ひきょう》だぞ！
だってこいつが
文句《もんく》があるなら俺《おれ》が引《ひ》き受《う》けてやる！
ちぇっ！

17歳《さい》の時《とき》
父親《ちちおや》の後《あと》を継《つ》いで名主《なぬし》となり
教育《きょういく》や地場産業《じばさんぎょう》の育成《いくせい》に力《ちから》を注《そそ》いだ
23歳《さい》でカツ夫人《ふじん》を妻《つま》に迎《むか》えたが
幸《しあわ》せな生活《せいかつ》も束《つか》の間《ま》—
正造《しょうぞう》は土地《とち》を治《おさ》めていた
六角家《ろっかくけ》の不正《ふせい》を正《ただ》すため
これ以上《いじょう》
絞《しぼ》り取《と》られたら
生《い》きていけん…
おのれ！ 許《ゆる》せん！
京都《きょうと》の本家《ほんけ》に嘆願書《たんがんしょ》を出《だ》そうとしたが
その途中《とちゅう》で捕《とら》えられた
1立方《りっぽう》メートルにも満《み》たない
狭《せま》い牢屋《ろうや》で
10ヶ月《かげつ》以上《いじょう》の牢獄生活《ろうごくせいかつ》を送《おく》った
なぜ弱《よわ》き者《もの》は
苦《くる》しまなければ
いけないのであろうか
恨《うら》むことしか
できないのであろうか
正造《しょうぞう》が牢《ろう》にいる間《あいだ》に
日本《にほん》は明治維新《めいじいしん》を迎《むか》え
正造《しょうぞう》は解放《かいほう》された

カッ！　久《ひさ》しぶりだ！
あなた！
間《ま》もなく知人《ちじん》の紹介《しょうかい》で江刺県《えさしけん》花輪《はなわ》分局《ぶんきょく》（現《げん》秋田県《あきたけん》鹿角市《かづのし》）の下級官吏《かきゅうかんり》となり貧民救済《ひんみんきゅうさい》の任《にん》に就《つ》いた
救助窮民取調《きゅうじょきゅうみんとりしらべ》の役《やく》を命《めい》ず！
かしこまりました！
しっかり食《た》べられているか
いえ…米《こめ》も十分《じゅうぶん》に食《く》えない状況《じょうきょう》です
安心《あんしん》しなさい
今《いま》に米《こめ》の飯《めし》がたらふく食《た》べられるようになるから

正造《しょうぞう》は地域《ちいき》の状況《じょうきょう》をつぶさに調《しら》べて報告《ほうこく》
米《こめ》を取《と》り寄《よ》せて貧《まず》しい人々《ひとびと》に配《くば》った
仕事《しごと》は順調《じゅんちょう》に進《すす》んでいるかに見《み》えたが――
上司《じょうし》が何者《なにもの》かによって殺害《さつがい》
私《わたし》ではない！何《なに》かの間違《まちが》いだ！
正造《しょうぞう》は冤罪《えんざい》で逮捕《たいほ》
激《はげ》しい拷問《ごうもん》の末《すえ》監獄《かんごく》に入《い》れられた
獄中《ごくちゅう》では書物《しょもつ》を読《よ》むことは許《ゆる》されていた
SELF HELP
西国立志編
原名 自助論
自助論《じじょろん》 西国立志編《さいこくりっしへん》との出会《であ》いがあった

およそ3年《ねん》にも及《およ》ぶ獄中生活《ごくちゅうせいかつ》の後《あと》無罪《むざい》が確定《かくてい》して釈放《しゃくほう》
ずいぶん洋服《ようふく》の人《ひと》が増《ふ》えたな！
世《よ》の中《なか》は大《おお》きく変《か》わり自由民権運動《じゆうみんけんうんどう》が盛《も》り上《あ》がっていた
ひとは変《か》われど変《か》わらぬもの
蹴《け》られ踏《ふ》まれても何《なに》も言《い》わず忍耐強《にんたいづよ》い
また明治《めいじ》10（1877）年《ねん》には西南戦争《せいなんせんそう》も勃発《ぼっぱつ》獄中《ごくちゅう》で読《よ》んだ本《ほん》の知識《ちしき》を活《い》かし物価《ぶっか》の上昇《じょうしょう》を予測《よそく》して土地《とち》を購入《こうにゅう》
予想《よそう》は的中《てきちゅう》し莫大《ばくだい》な利益《りえき》を得《え》た
一生《いっしょう》遊《あそ》んで暮《く》らせるこの金《かね》の使《つか》い道《みち》
それはひとつだ

正造《しょうぞう》はその資金《しきん》を元《もと》に政治《せいじ》の道《みち》に入《はい》り自由民権運動《じゆうみんけんうんどう》を展開《てんかい》
政治《せいじ》は全《すべ》て人民《じんみん》のためにある！
その通《とお》りだ！
支持者《しじしゃ》を増《ふ》やして区会議員《くかいぎいん》に当選《とうせん》2年後《ねんご》には栃木県会議員《とちぎけんかいぎいん》となる
国民《こくみん》の半数《はんすう》は女性《じょせい》である女性《じょせい》にも教育《きょういく》を！政治参加《せいじさんか》の機会《きかい》を！
税《ぜい》を下《さ》げて人民《じんみん》の飢《う》えを無《な》くそう！そのためにも国会《こっかい》の開設《かいせつ》を！
仲間《なかま》を増《ふ》やしながらさらに政治《せいじ》の道《みち》に没頭《ぼっとう》した
しかし 正造《しょうぞう》の前《まえ》に再《ふたた》び不正《ふせい》の影《かげ》が現《あらわ》れた

県令《けんれい》に三島通庸《みしまみちつね》が着任《ちゃくにん》
三島通庸《みしまみちつね》は薩摩出身《さつましゅっしん》の典型的《てんけいてき》な藩閥政治家《はんばつせいじか》で地域《ちいき》を無視《むし》した土木事業《どぼくじぎょう》や自由民権運動《じゆうみんけんうんどう》への弾圧《だんあつ》が人民《じんみん》の不満《ふまん》を買《か》っていた
断固闘《だんこたたか》うぞ! 三島《みしま》に勝《か》つのだ!
おお!
しかし 激化《げきか》するほど弾圧《だんあつ》も激《はげ》しさを増《ま》していった
自由党員《じゆうとういん》を中心《ちゅうしん》とする一部《いちぶ》の者《もの》たちが三島暗殺《みしまあんさつ》を企《くわだ》てていることが発覚《はっかく》(加波山事件《かばさんじけん》)
これによって無関係《むかんけい》だった正造《しょうぞう》も巻《ま》き添《ぞ》えで投獄《とうごく》されることになった
ふん! 監獄《かんごく》は慣《な》れておるわ
正造《しょうぞう》は この投獄中《とうごくちゅう》にも時間《じかん》があれば書物《しょもつ》を読《よ》みふけりさらに学《まな》びを深《ふか》めた

約《やく》3ヶ月の後《あと》に
放免《ほうめん》され再《ふたた》び
政治《せいじ》の道《みち》を突《つ》き進《すす》む
これからは
地方《ちほう》の時代《じだい》だ!
地域《ちいき》の自立《じりつ》が
人民《じんみん》の力《ちから》となる!
正造《しょうぞう》は演説《えんぜつ》を繰《く》り返《かえ》し
財産《ざいさん》を使《つか》い果《は》たすほどの
激《はげ》しい選挙戦《せんきょせん》を経《へ》て
第《だい》1回《かい》衆議院総選挙《しゅうぎいんそうせんきょ》に
勝利《しょうり》 代議士《だいぎし》となった
国会《こっかい》では 鋭《するど》い舌鋒《ぜっぽう》で官民《かんみん》の癒着《ゆちゃく》
警官《けいかん》の横暴《おうぼう》 軍隊《ぐんたい》の不祥事《ふしょうじ》などを
徹底的《てっていてき》に糾弾《きゅうだん》した
渡良瀬川流域《わたらせがわりゅういき》に
大洪水《だいこうずい》が起《お》きたのも
ちょうどその頃《ころ》だった

ここまでひどいとは…
この泥《どろ》に埋《う》まった土地《とち》からは草一本《くさいっぽん》生《は》えてこねえ
今《いま》に始《はじ》まったことじゃねえ前《まえ》からこの辺《あた》りでは川《かわ》から魚《さかな》が消《き》え作物《さくもつ》が育《そだ》たない
母乳《ぼにゅう》が出《で》ないとみんな言《い》っている
全《すべ》ては奴《やつ》らのせいさ
足尾《あしお》銅山《どうざん》か…

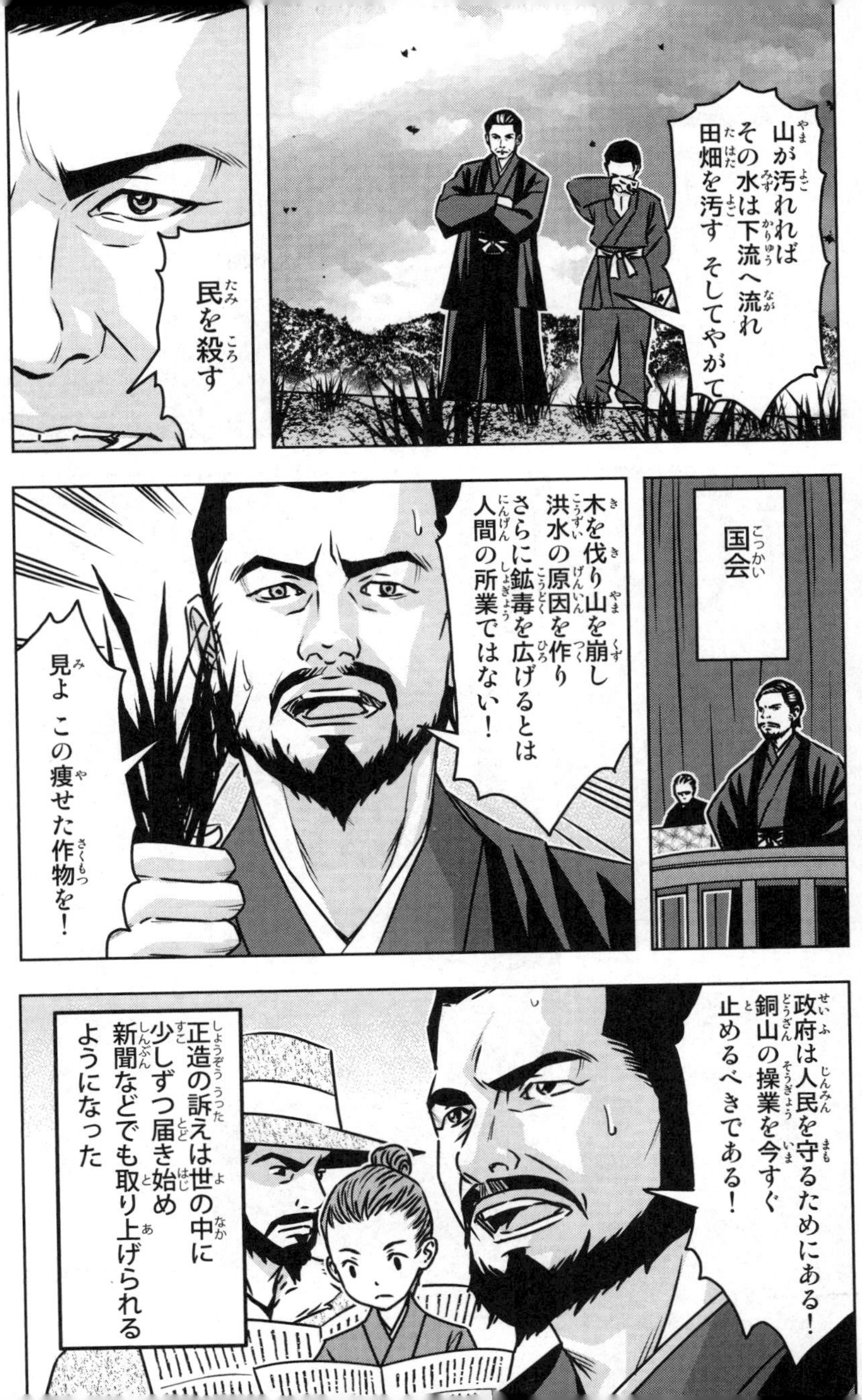
山《やま》が汚《よご》れれば
その水《みず》は下流《かりゅう》へ流《なが》れ
田畑《たはた》を汚《よご》す　そしてやがて
民《たみ》を殺《ころ》す
国会《こっかい》
木《き》を伐《き》り山《やま》を崩《くず》し
洪水《こうずい》の原因《げんいん》を作《つく》り
さらに鉱毒《こうどく》を広《ひろ》げるとは
人間《にんげん》の所業《しょぎょう》ではない！
見《み》よ　この痩《や》せた作物《さくもつ》を！
政府《せいふ》は人民《じんみん》を守《まも》るためにある！
銅山《どうざん》の操業《そうぎょう》を今《いま》すぐ
止《と》めるべきである！
正造《しょうぞう》の訴《うった》えは世《よ》の中《なか》に
少《すこ》しずつ届《とど》き始《はじ》め
新聞《しんぶん》などでも取《と》り上《あ》げられる
ようになった

しかし 国《くに》は なかなか本腰《ほんごし》を 上《あ》げなかった
なぜならば 日本《にほん》の近代化《きんだいか》を 目指《めざ》すため銅《どう》は 生糸《きいと》などと並《なら》ぶ 輸出品《ゆしゅつしん》であったからだ
そんな中《なか》 明治《めいじ》29(1896)年《ねん》 渡良瀬川流域《わたらせがわりゅういき》に 連続《れんぞく》して洪水《こうずい》が発生《はっせい》
洪水《こうずい》のたびに 死《し》んだ土《つち》が広《ひろ》がっていく
もうここには 住《す》めねぇのかな…
あきらめては駄目《だめ》です! 力《ちから》を合《あ》わせて闘《たたか》うのです!
正造《しょうぞう》は渡良瀬村《わたらせむら》の雲竜寺《うんりゅうじ》に 事務所《じむしょ》を作《つく》って ここを拠点《きょてん》に鉱毒対策《こうどくたいさく》の 活動《かつどう》を活発化《かっぱつか》していった
渡良瀬川流域《わたらせがわりゅういき》の 農民《のうみん》たちの怒《いか》りは 限界《げんかい》を超《こ》えた

明治《めいじ》33(1900)年《ねん》には
3千人《ぜんにん》とも1万人《まんにん》とも言《い》われる
被害民《ひがいみん》が集結《しゅうけつ》
命
足尾請願
請願
鉱毒《こうどく》被害《ひがい》は人《ひと》のわざ
人《ひと》と人《ひと》にて止《や》むものを
しかも乱暴《らんぼう》果《は》てしなく
人《ひと》の命《いのち》をたおしゆく……
「押《お》し出《だ》し」と言《い》われる
集団《しゅうだん》での訴《うった》えを行《おこな》った
しかし 利根川《とねがわ》河畔《かはん》の川俣《かわまた》の地《ち》で
警官隊《けいかんたい》による大弾圧《だいだんあつ》を受《う》け
散《ち》れ!
農民《のうみん》どもめ
押《お》し出《だ》しは失敗《しっぱい》に終《お》わった
世《よ》に言《い》う「川俣事件《かわまたじけん》」である
これが正義《せいぎ》なら
この国《くに》はとうに滅《ほろ》びている!

正造《しょうぞう》は国会《こっかい》で訴《うった》えを繰《く》り返《かえ》したが国《くに》は聞《き》く耳《みみ》を持《も》たなかった
当時《とうじ》 日本《にほん》は日清戦争《にっしんせんそう》に勝利《しょうり》し来《きた》るべきロシアとの戦争《せんそう》に向《む》けて軍事力《ぐんじりょく》を高《たか》めることに必死《ひっし》だった
正造《しょうぞう》は国会《こっかい》と決別《けつべつ》することを決《き》め衆議院議員《しゅうぎいんぎいん》を辞職《じしょく》
かくなるうえは…
そして 議会開院式《ぎかいかいいんしき》から帰《かえ》る天皇《てんのう》の列《れつ》に
ガラガラ
上
上

貴様《きさま》！何《なに》をしておる！
上
陛下《へいか》！お願《ねが》いがございます！

正造《しょうぞう》の直訴《じきそ》は成《な》らず警察《けいさつ》により拘束《こうそく》厳重《げんじゅう》な取《と》り調《しら》べを受《う》けた後《あと》釈放《しゃくほう》された
「田中正造翁 陛下に直訴」
この行動《こうどう》は新聞《しんぶん》などで大《おお》きく報道《ほうどう》され足尾《あしお》鉱毒《こうどく》についての世論《よろん》喚起《かんき》のきっかけとなった

政界《せいかい》から身《み》を引《ひ》いても
正造《しょうぞう》の鉱毒被害民救済《こうどくひがいみんきゅうさい》に対《たい》する
情熱《じょうねつ》は衰《おとろ》えを知《し》らなかった
川俣事件《かわまたじけん》の裁判《さいばん》では
大弁護団《だいべんごだん》を率《ひき》いて法廷《ほうてい》で闘《たたか》い
相手《あいて》は国《くに》だ！
絶対《ぜったい》に勝《か》つぞ！
つまらん検察《けんさつ》だ
子《こ》どもの言《い》い訳以下《わけいか》だ！
ふわ～ぁ
ぶっ 無礼《ぶれい》な！
法廷《ほうてい》を侮辱《ぶじょく》する気《き》か！
正造《しょうぞう》はその大《おお》あくびで
官吏侮辱罪《かんりぶじょくざい》に問《と》われ
生涯《しょうがい》4度目《どめ》の投獄《とうごく》を受《う》ける
憎《にく》まれれば憎《にく》まれるほど
力《ちから》がみなぎるわい
出獄後《しゅつごくご》——
正造《しょうぞう》は 鉱毒《こうどく》の傷《きず》が
最《もっと》も深《ふか》い地域《ちいき》にある
谷中村《やなかむら》に住《す》んだ

もはや私《わたし》は政治家《せいじか》ではありません一人《ひとり》の民《たみ》として共《とも》に闘《たたか》います!
しかし
もう限界《げんかい》です… 国《くに》の示談金《じだんきん》をもらって よそに移《うつ》ります
村人《むらびと》は 1人 また1人と 去《さ》って行《い》った

そして国《くに》は谷中村《やなかむら》を強制買収《きょうせいばいしゅう》し残留民《ざんりゅうみん》たちの住居《じゅうきょ》を破壊《はかい》し始《はじ》めた
私《わたし》の家《いえ》が…許《ゆる》せない！
こらえるしかありません暴力《ぼうりょく》で暴力《ぼうりょく》に抗《こう》してはならんのです
残《のこ》った村人《むらびと》たちと正造《しょうぞう》は破壊《はかい》された家《いえ》の廃材《はいざい》で住居《じゅうきょ》を建《た》て運動《うんどう》を続《つづ》けた
老体《ろうたい》をおして人々《ひとびと》への演説《えんぜつ》や行政《ぎょうせい》への訴《うった》えを続《つづ》けたが

田中《たなか》さま！
田中《たなか》さま！
支援者宅《しえんしゃたく》で倒《たお》れ
その悲報《ひほう》を聞《き》いた
カツ夫人《ふじん》も駆《か》けつけ
看病《かんびょう》に当《あ》たったが
そのまま死《し》の床《とこ》につき
大正《たいしょう》2（1913）年《ねん》
71歳《さい》でその闘《たたか》いを終《お》えた
正造《しょうぞう》が身《み》につけていた
全財産《ぜんざいさん》は　憲法《けんぽう》　聖書《せいしょ》
メモや執筆中《しっぴつちゅう》の原稿《げんこう》と
いくつかの
石《いし》ころだけだったという

正造《しょうぞう》の死後《しご》 運動《うんどう》は被害民《ひがいみん》や
後継者《こうけいしゃ》たちによって
継続《けいぞく》されたが
足尾銅山《あしおどうざん》は銅《どう》を掘《ほ》り尽《つ》くす
昭和《しょうわ》48（1973）年《ねん》まで
採鉱《さいこう》を続《つづ》けた

正造《しょうぞう》の顔《かお》に刻《きざ》まれた
“怒《いか》り”は国家《こっか》に
“哀《かな》しみ”は人《ひと》と大地《だいち》に向《む》けられた
ものだったのかもしれない
死《し》の直前《ちょくぜん》まで闘《たたか》いを続《つづ》けた
田中正造《たなかしょうぞう》の生涯《しょうがい》は
これからもそのまなざしと共《とも》に
語《かた》り継《つ》がれていくことだろう

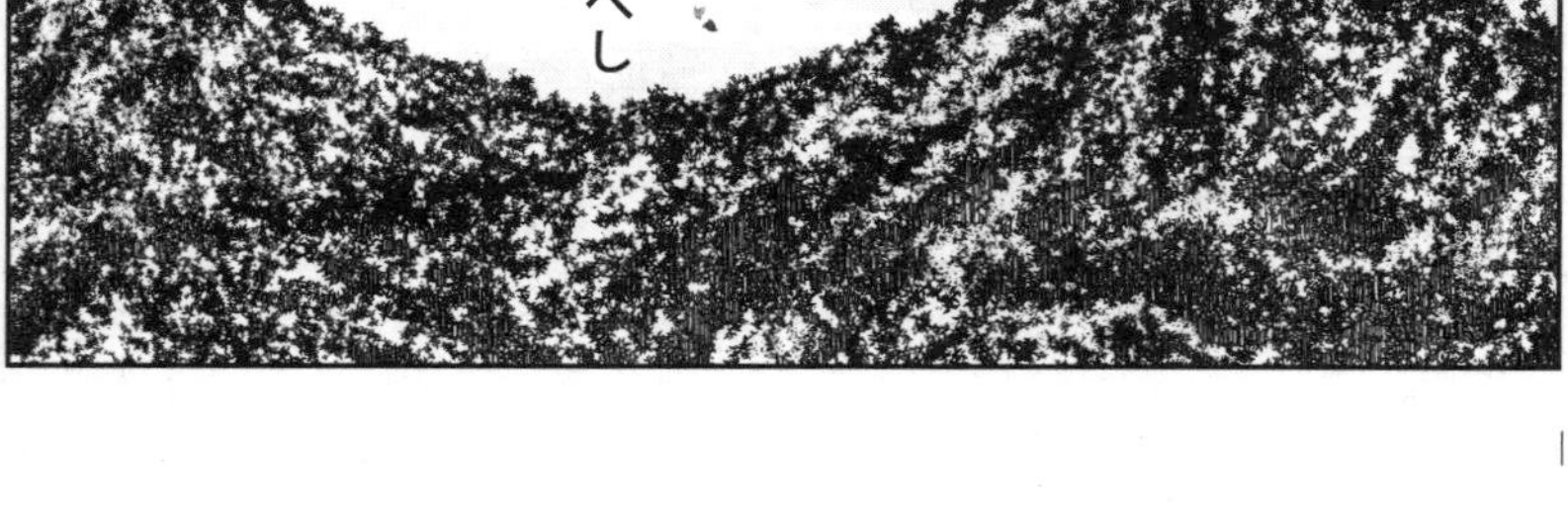
真《しん》の文明《ぶんめい》は
山《やま》を荒《あ》らさず
川《かわ》を荒《あ》らさず
村《むら》を破《やぶ》らず
人《ひと》を殺《ころ》さざるべし

日本初の公害問題と戦った哲人

田中正造《たなかしょうぞう》

17歳で名主《なぬし》を務める

田中氏の中には、民を守るために権力と戦った人物もいた。日本初の公害事件といわれる足尾銅山鉱毒事件で、国や県を相手に農民や民の命と生活を守るために生涯を捧げた田中正造である。

正造は天保12（1841）年11月3日、下野国安蘇郡《あそぐん》小中村（現、栃木県佐野市）

の父富蔵と母サキの長男として生まれた。幼名は兼三郎《かねさぶろう》といった。田中家は小中村の名主《なぬし》であったが、それほど裕福ではなかったようだ。

名主は、村から藩に納める年貢米や税金の徴収を行う村組織の管理者であり、同時に、村人の暮らしを助ける世話役としての役割も担っていた。正造の父富蔵も名主として真面目に務めた。特に、村の子供たちの教育には熱心だった。村人たちと協力して塾を開くなど、学問を重んじる人だったようだ。

正造は17歳の若さで、父の跡を継ぎ名主になった。父は周辺の村々の代表にあたる「割元《わりもと》」になったことから、正造が名主となったのだ。正造は父と同様、学問を重視した。自らも学び、子供たちにも勉強を教えた。農業のほかに藍玉の商いで利益を上げるなど商才も発揮した。

村人の権利を守るため私財を投じる

20歳を過ぎたころ、正造の将来を暗示するような出来事が起きる。当時、小中村を治めていたのは幕府旗本の六角氏であったが、その用人の差配で問題が起きた。用人は、自分に都合のいい村役人を任命し、一方的に年貢を引き上げようとするなど横暴な振る舞いで村人たちを苦しめたのである。

耐えかねた小中村や六角氏領の農民たちは立ち上がった。正造は農民たちの先頭に立ち、用人の解任を領主に訴えた。この争いは長引き数年に及んだ。訴えを通すために、正造は商売で蓄えた私財はおろか借金まで背負って戦ったが、明治元（1868）年、捕らえられ11ヶ月間も牢獄に閉じ込められてしまう。獄中生活を送りながらも、学問を怠ることなく様々な書物に触れ、知識や情報を吸収した。こうした体験を通して、正造は征韓論で敗れた板垣退助らを中心に起きた自由民権運動に傾倒する。この運動は、明治政府に対し国会の開設、憲法制定、国民の権利や自由を要求するもので、政府に不満を持つ多くの元武士や農民が参加し大きなうねりとなっていた。

国民の不満とは、どのようなものであったのか。明治4（1871）年に「廃藩置県」が行われ、藩が廃止されたことで武士階級がなくなった。武士たちの多くは、地位や収入の道が途絶え、農民は物価上昇や増える税負担で、維新前よりも生活が苦しくなった。徳川幕藩体制に不満を持っていた人々は、新政府に期待を寄せてもいたのだが、その期待が裏切られたと感じ自由民権運動を支持するようになる。

政治家を志す

正造も、自由を求める運動に希望を見出したいと考え、自由民権運動にかかわるようになったのであろう。自身でも「安蘇郡結合会《あそぐんけつごうかい》(中節社)」をつくり、国会を開くよう声を上げた。また、運動の考えを広めるために「栃木新聞」を発行、国民が政治に参加する権利があることを訴えた。そして、自らも政治の道を志す。40歳にして栃木県議会議員となり、以後、連続4回の当選を果たす。

名主時代は民の一人として戦ったが、今度は政治家となり不正や不当な権力と戦う。当時、栃木県の県令、今でいえば県知事が、農民に重い税や寄付を押し付けていた。大規模な道路工事を行うためだが、正造はこれを阻止しようと反対運動を起こす。ちょうどその頃、自由民権運動が激しさを増すなかで、県令暗殺を企てた「加波山事件《かばさんじけん》」が起きた。こともあろうか、正造はこの事件に関係したと疑いをかけられ、またもや投獄されてしまう。しかし、正造はそのような圧力に屈することなく運動をつづけた。そしてついに、県令が異動で栃木県を去り正造は釈放される。明治19（1886）年4月1日、正造は第13回臨時県議会で議長に選ばれた。

その後、正造は戦いの場を国政に移す。自由民権運動などの影響もあり明治22（1889）年、政府は大日本帝国憲法（明治憲法）を発布、翌23（1890）年には第1回衆議院議員選挙を行った。50歳の正造は、この選挙に当選し衆議院議員となった。以後6回連続で当選を果たす。正造は、大隈重信率いる立憲改進党に属し、富国強兵を急ぐために増税を行おうとする政府から国民の暮らしを守るために戦った。

日本初の公害問題

この年、正造の人生に大きな影響を与える災害が起きた。群馬県と栃木県の県境を流れる利根川支流の渡良瀬川《わたらせがわ》で起きた大洪水である。川の水は、生活用水や農業用水として欠かせないものだ。川の氾濫は住民に被害を与えるが、農作物に欠かせない栄養分を含んだ肥沃な土を運んでくる自然の恵みをもたらすものでもある。ある程度の川の氾濫は、農業生産には欠かせないものとして許容されていたところもある。

しかし、この時の洪水によって流されてきた土砂には、上流にある足尾銅山から出る鉱毒が含まれていた。渡良瀬川は、栃木県の足尾山中から群馬、茨城、埼玉の県境を通り、利根川に合流するため被害の拡大が懸念された。

実は、銅山の鉱毒問題は以前から起きていたとも言われる。渡良瀬川から魚の姿が見られなくなり、明治12（1879）年には何万匹というアユが死に、魚を獲ったり食べたりすることを禁じられたという。魚だけでなく、洪水にあった地域では稲、麦などの作物が枯れる被害も発生していた。

そのような状況のなか、第1回衆議院選挙が行われた明治23（1890）年の8月、渡良瀬川で大洪水が発生し農作物が甚大な被害を被った。正造の選挙区の中には、こうした被害にあった村々もある。農民は、「鉱毒を含んだ土を田畑から取り除いてほしい」「鉱毒を出す銅山の営業を停止してほしい」と訴えた。正造は村々に出向き自分の目で被害の実態を見て、農民の訴えに耳を傾けた。必要な調査も行った。そして、国会に質問書を提出し、鉱毒を出す足尾銅山の閉鎖を訴えたのだ。

正造の質問に対する政府の回答は、つぎのようなものだった。

①渡良瀬川沿岸の田畑が受けた被害の原因はまだはっきりしない。

②栃木県で現地の土を調査中だが、まだ結論は出ていない。

③企業側は、アメリカから粉鉱採集器《ふんこうさいしゅうき》を購入し、鉱毒が川に流れ出さないよう準備中である。

当時の日本政府は、西欧列強の植民地政策から日本を守るための近代化が急務であると考え、富国強兵、殖産振興を推し進めていた。銅はそのために必要な資源であった。足尾銅山では次々と新しい鉱脈が発見され、一時期は日本の銅の30％を生み出していただけに、日本政府にとっては莫大な利益を生む宝の山である。そう簡単に操業を止めるはずもなかった。

足尾銅山の鉱毒問題は、日本で最初の大規模な公害だったため、当時はまだ、公害という概念が一般には広がっていなかった。そのため、被害を受けた農民以外からは、あまり関心を持たれなかったようだ。世の中の注目を集めることもなく、農民たちは孤立してしまう。

政府は、鉱毒は出ているが、鉱山の営業を停止するほどのものではない。鉱山の運営会社も粉鉱採集器を購入するなどの対策を講じているから、まもなく問題は解決するだろうと回答するだけだった。

農民を守るため政府と戦う

明治29（1896）年7月、渡良瀬川は氾濫を繰り返し、前回を上回る大洪水が流域を襲った。この時も洪水は鉱毒を運んできた。この後も繰り返し洪水は起き、その度に鉱毒を含んだ土砂が村々の田畑に甚大な被害をもたらした。

正造は、「鉱業停止の請願運動をおこそう」と、農民に呼びかける。この時は、村々の農民たちも立ち上がり、「栃木群馬両県鉱毒事務所」を群馬県邑楽郡《おうらぐん》渡良瀬村（現在の館林市内）に設置した。参加した村や町は、栃木と群馬県の両県を合わせて40近くにのぼった。

明治30（1897）年から農民たちは、政府に宛てて「鉱毒の被害地を元のように復活させること」「税を軽くすること」「銅山付近の木を切ることをやめ、水源地を守ること」「渡良瀬川の氾濫の実情を急ぎ調べること」「渡良瀬川の堤防をなおすこと」「被害を受けた人たちを憲法によって保護すること」など、幾つもの要望を出して足尾銅山の鉱業停止を訴えた。正造は、政府が社会に害をおよぼしている鉱業を停止させないことについて18項目にわたり国会で質問したが、政府は理解を示そうとしない。

鉱毒に苦しむ農民たちは、「押し出し」という行動にも出た。大勢で役所や大臣のもとに押しかけ、要求を聞いてもらおうというものである。第1回目は、同年（明治30年）3月2日、2回目は同月24日に決行した。警官隊とぶつかり負傷者や逮捕者が出たが、正造と農民の行動は、足尾鉱毒問題に無関心だった人々の目を開かせるきっかけとなった。新聞も取り上げるようになり、東京でも農民を応援する演説会が開かれ、運動に参加する人や運動を援助しようとする人が増えた。

その甲斐あって、政府もようやく重い腰を上げる。政治家や大臣が現地をおとずれ、足尾銅山鉱毒調査委員会の発足を決めた。政府が任命した鉱毒調査委員会では、はじめ、鉱業停止もやむを得ないだろうという意見が強かった。しかし、海外との貿易に必要な銅を生産する日本最大の銅山である。生産を中止することは、大きな痛手だという考えが鉱業停止を抑え込んでしまった。

政府は、銅山に予防工事命令を発した。その内容は、鉱毒を含んだものを川に流れないよう保管する。煙にふくまれる有毒なガスを取り除く装置をもうけるなど、細部にわたった。洪水によって荒れ果て、作物が育たなくなった田畑の免税も決定した。

繰り返される鉱毒被害

予防工事命令が出たことで、一時は盛り上がった足尾鉱毒問題に対する世間の関心は弱まった。問題は解決したと思われ、正造と農民の運動を応援する声もしぼんでいった。

その年の9月、渡良瀬川が再び氾濫した。前年11月に銅山は命じられた予防工事を終えていたため、鉱毒の被害は防げるはずだった。しかし、鉱毒は田畑に流れ込み、またもや大きな被害を出した。精錬所に設けられた装置も役に立たず、煙害はますますひどくなった。

農民の怒りは爆発した。鉱毒事務所に集まった農民は、3度目の押し出しを決めた。正造の発案で50人の代表団で東京に向かうことにした。しかし、関係する省を訪ねた代表団は門前払いされるだけだった。正造と農民の声はまたも政府を動かすまでには至らなかった。

足尾鉱毒事件がおきてすでに10年が過ぎ、事件は過去のものとして人々から忘れ去られようとしていた。当事者である農民のなかには、村を去っていく者もいた。それでも、あきらめることなく請願を繰り返す者もいた。正造も鉱毒被害地の人たちの命や健康問題を国会で取り上げ続け解決を迫った。しかし、訴えは届かなかった。

4回目の押し出しが決行されたのは、明治33（1900）年2月13日の明け方のことだった。今度は、正造が押し出しを呼び掛けた。政府や国会に対する強い不信感が、そうさせたのだ。2500とも3500とも、あるいは1万以上ともいわれる人々が利根川のほとりの川俣（群馬県明和町）まで進んだ時、警官や憲兵と衝突した。農民側には多数の負傷者が出た。その場で15名、のちに53名が捕らえられ投獄された。

命がけの直訴

事件の知らせが入ったのは、正造が国会で鉱毒問題について政府を追及していた時だった。正造はただちに、政府の責任をただし、「亡国演説」を行う。それでも政府は動かなかったが、これを機に、新聞がふたたび鉱毒問題を取り上げはじめた。鉱毒地の悲惨な様子が報道され、世間の関心が高まる。「鉱毒調査有志会」という正造や農民を応援しようというグループも生まれた。

しかし、明治34（1901）年10月21日、正造は衆議院に辞表を提出し、みずから国会を去る。政治家として、国会で鉱毒問題を追及してきたが、正造のなかで議会に対する期待は失われていた。正造はある決断をしていた。

国会議員を辞めてから1ヶ月余り後の12月10日。第16議会初日の2時過ぎ、開院式を終えて国会議事堂から出てきた天皇の馬車に、正造が駆け寄ったのだ。手には天皇にあてた直訴状を持っていた。天皇に手紙を渡し、鉱毒事件を訴えようとしたのである。しかし、正造はたちまち警官に取り押さえられ、天皇が乗った馬車は何事もなかったかのように走りすぎ、直訴は失敗に終わる。

しかし、その影響は小さくはなかった。正造の捨て身の行動は、まさに事件だった。新聞はこぞって書きたて、大きな話題となった。そして、鉱毒事件に対する人々の関心も一気に高まった。

鉱毒事件について、真剣に取り組もうという人が大勢現れた。演説会が各地で開催され、募金活動も活発になった。病院も開かれた。学生も参加し被害地を訪れ、鉱毒について学ぶようになった。

それでも、正造や鉱毒被害地の農民が望んだ鉱業停止は実現しなかった。政府は、川底にたまった鉱毒があふれないよう貯水池をつくれば問題は解決すると、鉱毒問題を治水問題にすり替え、遊水池の候補地を栃木県谷中村に決めた。村をつぶされると考えた村人は立ち上がった。正造はその先頭に立った。谷中村での10年におよぶ戦いが始まった。

明治37（1904）年夏、正造は64歳にして谷中村の住人となる。人々の関心が薄れ、応援していた人たちも減っていくなか、谷中村に残った住人は戦いつづけた。しかし、明治39（1906）年、栃木県は住民が減少して村の維持が難しくなったという理由で、谷中村を藤岡町に合併した。そして政府は、強制収用に乗り出した。村人や正造は、政府の手によって谷中村が滅ぼされるのを目の当たりにする。

正造は、理にかなった治水ができれば谷中村はつぶさずに済むと考え、関東各地の川を見て歩いた。しかし、70歳を過ぎた正造は病にかかり、大正2（1913）年8月、河川調査の途中で動けなくなり、そのまま床に就くと1ヶ月後の9月4日に亡くなる。享年71。

国会議員という地位をなげうって、農民とともに日本で初めて公害と戦った田中正造の願いは叶わなかった。しかし、正造が投じた一石は、その後の公害問題と国や国民が向き合う意味と必要性を示した。田中正造は、常に弱い者のために己を捨てて戦い続けた哲人である。

理想の国を追求し
国体護持と戦後復興を支えた巨人

田《た》中《なか》清《きよ》玄《はる》

郵 便 は が き

料金受取人払郵便

８ １ ２ − ８ ７ ９ ０

博多北局
承 認
0612

169

差出有効期間
2024年8月
31日まで

福岡市博多区千代3-2-1
麻生ハウス３F

㈱ 梓 書 院

読者カード係 行

ご愛読ありがとうございます

お客様のご意見をお聞かせ頂きたく、アンケートにご協力下さい。

ふりがな お 名 前	性 別 （ 男・女 ）
ご 住 所 〒	
電 話	
ご 職 業	（ 歳）

梓書院の本をお買い求め頂きありがとうございます。

下の項目についてご意見をお聞かせいただきたく、
ご記入のうえご投函いただきますようお願い致します。

お求めになった本のタイトル
ご購入の動機 1書店の店頭でみて　2新聞雑誌等の広告をみて　3書評をみて 4人にすすめられて　5その他（　　　　　　　　　　） ＊お買い上げ書店名（　　　　　　　　　　）
本書についてのご感想・ご意見をお聞かせ下さい。 〈内容について〉 〈装幀について〉（カバー・表紙・タイトル・編集）
今興味があるテーマ・企画などお聞かせ下さい。
ご出版を考えられたことはございますか？ ・ある　　・ない　　・現在、考えている

ご協力ありがとうございました。

昭和《しょうわ》20（1945）年《ねん》12月《がつ》敗戦《はいせん》間《ま》もない日本《にほん》皇居《こうきょ》―
陛下《へいか》 何卒《なにとぞ》退位《たいい》はなさらぬよう！
この時《とき》日本《にほん》の未来《みらい》について天皇《てんのう》に直言《ちょくげん》したのは何《なん》の肩書《かたが》きも持《も》たない一人《ひとり》の男《おとこ》だった
打《う》ちのめされた国民《こくみん》をお救《すく》いください！
後《のち》の日本《にほん》を影《かげ》で動《うご》かし続《つづ》けた田中清玄《たなかきよはる》である

清玄《きよはる》は明治《めいじ》39（1906）年《ねん》
北海道函館市《ほっかいどうはこだてし》の隣《となり》
七飯村《ななえむら》（現《げん》・亀田郡七飯町《かめだぐんななえちょう》）に
会津田中家《あいずたなかけ》の末裔《まつえい》として生《う》まれた
札幌
帯広
北海道
函館
青森
少年時代《しょうねんじだい》には
剣道《けんどう》や合気道《あいきどう》の稽古《けいこ》に励《はげ》み
学業《がくぎょう》にも秀《ひい》でていた彼《かれ》は
旧制弘前高校《きゅうせいひろさきこうこう》に進学《しんがく》
ちょうどその頃《ころ》北海道《ほっかいどう》の高校《こうこう》で
大《おお》きな騒動《そうどう》が起《お》きた
うん？
これは…
「小樽高商軍事教練事件《おたるこうしょうぐんじきょうれんじけん》」である

小樽《おたる》高商《こうしょう》軍事《ぐんじ》教練《きょうれん》事件《じけん》
大正《たいしょう》14（1925）年《ねん》10月《がつ》
小樽高等商業学校《おたるこうとうしょうぎょうがっこう》で行《おこな》われた
野外演習《やがいえんしゅう》の想定《そうてい》が
関東大震災《かんとうだいしんさい》の朝鮮人《ちょうせんじん》虐殺《ぎゃくさつ》を
想起《そうき》させる内容《ないよう》だったため
地元団体《じもとだんたい》や学生《がくせい》が猛反発《もうはんぱつ》
抗議運動《こうぎうんどう》は全国《ぜんこく》に拡大《かくだい》し
政府《せいふ》も巻《ま》き込《こ》む一大事件《いちだいじけん》となった
この抗議運動《こうぎうんどう》に共感《きょうかん》した清玄《きよはる》は
自《みずか》らビラを作《つく》り
抗議運動《こうぎうんどう》に参加《さんか》した
軍事《ぐんじ》教練《きょうれん》の撤廃《てっぱい》と
差別《さべつ》の撲滅《ぼくめつ》を！
学生《がくせい》さん偉《えら》いねえ
頑張《がんば》れよ！
ありがとうございます！
社会《しゃかい》は…変《か》えられる！
その後《ご》清玄《きよはる》は政治活動《せいじかつどう》にのめり込《こ》み
労働組合《ろうどうくみあい》の設立《せつりつ》などに関《かか》わっていく

清玄《きよはる》は
東京《とうきょう》帝国大《ていこくだい》（現《げん》・東京大学《とうきょうだいがく》）に
入学《にゅうがく》し まもなく共産党《きょうさんとう》へ入党《にゅうとう》
社会《しゃかい》を変《か》えるには口先《くちさき》だけではだめだ!
心身共《しんしんとも》に…
強《つよ》くならなくては!
党《とう》では持前《もちまえ》の手腕《しゅわん》を発揮《はっき》し
委員長《いいんちょう》を務《つと》めるようになった
万国《ばんこく》のプロレタリア
団結《だんけつ》せよ!

そんな中《なか》
治安維持法違反《ちあんいじほういはん》による
日本共産党《にほんきょうさんとう》の一斉検挙《いっせいけんきょ》
いわゆる三《さん》・一五事件《いちごじけん》が発生《はっせい》
さらに
翌年《よくとし》
共産党幹部《きょうさんとうかんぶ》が逮捕《たいほ》され
党《とう》は壊滅《かいめつ》に追《お》い込《こ》まれた
我々《われわれ》は
非合法組織《ひごうほうそしき》だからな…
崩壊《ほうかい》だ
そんな…
ぐっ
私《わたし》が委員長《いいんちょう》をやります!
清玄《きよはる》は23歳《さい》の若《わか》さで
中央委員長《ちゅうおういいんちょう》に就任《しゅうにん》
党《とう》の再建《さいけん》に向《む》けて動《うご》き出《だ》す
しかし
武装共産党《ぶそうきょうさんとう》と警察隊《けいさつたい》の衝突《しょうとつ》は激化《げきか》
そして遂《つい》に
「和歌浦事件《わかうらじけん》」に
発展《はってん》したのである

この事件《じけん》の直後《ちょくご》 清玄《きよはる》の母親《ははおや》は
息子《むすこ》が共産党員《きょうさんとういん》であることを嘆《なげ》いて
自決《じけつ》
おまえが改心《かいしん》しないなら
私《わたし》は腹《はら》を切《き》って死《し》ぬ
おまえのような共産主義者《きょうさんしゅぎしゃ》を
だして神《かみ》にあいすまない
お国《くに》のみなさんと先祖《せんぞ》に対《たい》して
自分《じぶん》は責任《せきにん》がある
自分《じぶん》は死《し》をもって諫《いさ》める
おまえはよき日本人《にほんじん》になってくれ
さらに7月《がつ》 治安維持法違反《ちあんいじほういはん》で逮捕《たいほ》
無期懲役《むきちょうえき》を宣告《せんこく》された
俺《おれ》という人間《にんげん》は…
何《なん》たる不孝者《ふこうもの》!
獄中生活《ごくちゅうせいかつ》は11年《ねん》に及《およ》んだが
その中《なか》で中心幹部《ちゅうしんかんぶ》
佐野学《さののまなぶ》 鍋山貞親《なべやまさだちか》らが
佐野と鍋山
獄中で轉向聲明
十一年に渡る極左
主義《しゅぎ》の転向《てんこう》を表明《ひょうめい》
全《すべ》ては
幻想《げんそう》なのか…
清玄《きよはる》はこれを機《き》に
獄中《ごくちゅう》で天皇主義《てんのうしゅぎ》に転向《てんこう》
そして昭和《しょうわ》16(1941)年《ねん》
「紀元《きげん》2600年《ねん》の恩赦《おんしゃ》」
により釈放《しゃくほう》される
しかし この年《とし》
日本《にほん》は太平洋戦争《たいへいようせんそう》へ突入《とつにゅう》
やがて時代《じだい》は
第二次世界大戦《だいにじせかいたいせん》へと
突《つ》き進《すす》むのであった

出獄後《しゅつごくご》
清玄《きよはる》は禅僧《ぜんそう》・山本玄峰《やまもとげんぽう》を訪《たず》ね
静岡県《しずおかけん》三島市《みしまし》にある
龍澤寺《りゅうたくじ》へ足《あし》を運《はこ》んだ。
まずは
全《すべ》てを捨《す》てなさい
はい 老師《ろうし》 私《わたし》は身《み》一《ひと》つです
これ以上《いじょう》捨《す》てるものなど…
人《ひと》の心《こころ》は時《とき》に空《そら》のように曖昧《あいまい》に
移《うつ》り変《か》わる
真《しん》に全《すべ》てを捨《す》てた時《とき》
内《うち》より湧《わ》き上《あ》がる心《こころ》の奥底《おくそこ》こそ
善悪《ぜんあく》でもなく
お主《ぬし》の道《みち》だ

玄峰《げんぽう》のもとには
時《とき》の著名人《ちょめいじん》が教《おし》えを乞《こ》いに
日々参禅《ひびさんぜん》していた
どこかで
見《み》たことのある顔《かお》だが…
後《のち》の首相《しゅしょう》・吉田茂《よしだしげる》である
他《ほか》にも 鈴木貫太郎《すずきかんたろう》
池田勇人《いけだはやと》 岡田啓介《おかだけいすけ》
岩波茂雄《いわなみしげお》（岩波文庫社長《いわなみぶんこしゃちょう》）など
数《かぞ》えきれないほどの
著名人《ちょめいじん》が足《あし》を運《はこ》んだ
終戦時《しゅうせんじ》の鈴木首相《すずきしゅしょう》を推《お》したのも
無条件降伏《むじょうけんこうふく》を時《とき》の
政治家《せいじか》たちに提言《ていげん》したのも
山本玄峰老師《やまもとげんぽうろうし》だと言《い》われている
清玄《きよはる》はそれを一番近《いちばんちか》くで
見《み》ていたのだった
龍澤寺《りゅうたくじ》での修行《しゅぎょう》で
清玄《きよはる》は禅《ぜん》の境地《きょうち》に触《ふ》れ
自身《じしん》の思想《しそう》を固《かた》めていった

やがて日本《にほん》は終戦《しゅうせん》を迎《むか》え
再出発《さいしゅっぱつ》へと歩《ある》き出《だ》した
そんな中《なか》 清玄《きよはる》は週刊朝日《しゅうかんあさひ》に
「天皇制《てんのうせい》を護持《ごじ》せよ」という
文章《ぶんしょう》を寄稿《きこう》した
後日《ごじつ》この記事《きじ》を読《よ》んだ
当時《とうじ》静岡県知事《しずおかけんちじ》から転《てん》じ
禁衛府《きんえいふ》長官《ちょうかん》をしていた菊池盛登《きくちもりと》
と話《はな》すことになった
陛下《へいか》に拝謁《はいえつ》して持論《じろん》を
述《の》べられてはどうですか
ぜひお願《ねが》いしたい！
こうした経緯《けいい》で
昭和天皇《しょうわてんのう》への謁見《えっけん》が
実現《じつげん》したのだ
陛下《へいか》にお願《ねが》いしたいことが
3つございます

清玄《きよはる》が昭和《しょうわ》天皇《てんのう》に進言《しんげん》したのは以下《いか》の3つだ
一、絶対《ぜったい》に退位《たいい》されてはいけない
一、皇室財産《こうしつざいさん》を投《な》げ出《だ》し飢《う》えた国民《こくみん》を救《すく》っていただきたい
一、陛下自身《へいかじしん》が国民《こくみん》の前《まえ》に姿《すがた》を現《あらわ》し国民《こくみん》の様子《ようす》を直《じか》に見《み》て励《はげ》ましていただきたい
天皇《てんのう》はこれを聞《き》き入《い》れられた
清玄《きよはる》は敗戦前《はいせんまえ》からすでに日本《にほん》の復興《ふっこう》を計画《けいかく》していた
昭和《しょうわ》20（1945）年《ねん》の1月《がつ》に横浜《よこはま》で「神中組《かみなかぐみ》」を興《おこ》し 敗戦復興事業《はいせんふっこうじぎょう》に注力《ちゅうりょく》 各地《かくち》にダムを建造《けんぞう》 沖縄《おきなわ》で土木事業《どぼくじぎょう》に従事《じゅうじ》し
いくつもの会社《かいしゃ》を立《た》ち上《あ》げ 経済力《けいざいりょく》 人脈《じんみゃく》はひろがっていった

財界人《ざいかいじん》とも交流《こうりゅう》を持《も》った
そこで清玄《きよはる》が着目《ちゃくもく》したのは石油《せきゆ》だった
しかも当時《とうじ》 大気汚染《たいきおせん》で苦《くる》しんでいた日本《にほん》にとって硫黄《いおう》の混《ま》じっていない石油《せきゆ》は重要《じゅうよう》であった
インドネシアの石油《せきゆ》に目《め》を付《つ》けスハルト将軍《しょうぐん》（当時《とうじ》）や周辺《しゅうへん》の活動家《かつどうか》を陰《いん》に陽《よう》に支《ささ》えながら
後《のち》のスハルト政権樹立《せいけんじゅりつ》に貢献《こうけん》した
清玄《きよはる》 あなたには随分助《ずいぶんたす》けられた ぜひお礼《れい》がしたい
日本《にほん》に必要《ひつよう》なのは 貴国《きこく》の良質《りょうしつ》な石油《せきゆ》です！
約束《やくそく》しよう！

清玄《きよはる》は
「販売《はんばい》の神様《かみさま》」と呼《よ》ばれた
トヨタ自販社長《じはんしゃちょう》の神谷正太郎《かみやしょうたろう》を
巻《ま》き込《こ》み 政府《せいふ》にも働《はたら》きかけた
インドネシアからの供給《きょうきゅう》を確保《かくほ》するには新会社《しんかいしゃ》の設立《せつりつ》が必要《ひつよう》です
うーん。
社長《しゃちょう》には神谷《かみや》さんが適任《てきにん》だ あとはあなたの後押《あとお》しがあれば完璧《かんぺき》です
ピンッ
よっしゃ！分《わ》かった！
当時《とうじ》の通産大臣《つうさんだいじん》・田中角栄《たなかかくえい》
JAPAN AIR
City of Kyoto
こうして清玄《きよはる》は石油《せきゆ》の
インドネシアルートを確立《かくりつ》
次《つぎ》はアラブに焦点《しょうてん》を合《あ》わせた

清玄《きよはる》はアラブ諸国《しょこく》を何度《なんど》も訪問《ほうもん》したが最《もっと》も足繁《あししげ》く通《かよ》ったのがアブダビだ
キヨハル！
アブダビの首長《しゅちょう》であり後《のち》にアラブ首長国連邦《しゅちょうこくれんぽう》UAEを建国《けんこく》するシェイク・ザイード氏《し》とは親《した》しい友人《ゆうじん》となった
しかしそのアブダビがサウジアラビアと領土問題《りょうどもんだい》で一触即発《いっしょくそくはつ》の事態《じたい》に
キヨハル！このままでは戦争《せんそう》だ！
ファイサル国王《こくおう》を説得《せっとく》できるのは…
ニクソンしかいない!!

この戦争《せんそう》だけは止《と》めねばなりません!!
佐藤栄作首相《さとうえいさくしゅしょう》
佐藤首相《さとうしゅしょう》はニクソン大統領《だいとうりょう》に働《はたら》きかけ
間一髪《かんいっぱつ》で戦争《せんそう》を回避《かいひ》した
これを機《き》に日本《にほん》はアラブからの石油《せきゆ》ルートを確保《かくほ》
オイルショックのダメージも抑《おさ》えられた
日本《にほん》に石油《せきゆ》の採掘権《さいくつけん》を!
清玄《きよはる》はこのように世界中《せかいじゅう》を飛《と》び回《まわ》りながら各界《かっかい》の要人《ようじん》たちと親交《しんこう》を深《ふか》めた

ハプスブルク家《け》の後継者《こうけいしゃ》であり
汎《はん》ヨーロッパ主義者《しゅぎしゃ》として
活動《かつどう》していたオットー大公《たいこう》や
ノーベル賞《しょう》を受賞《じゅしょう》した経済学者《けいざいがくしゃ》の
フリードリヒ・ハイエクなどとは
しばしば意見《いけん》を交《か》わし
中国《ちゅうごく》の鄧小平《とうしょうへい》や
タイのビブン首相《しゅしょう》とも会見《かいけん》
アジアの連帯《れんたい》を訴《うった》えた
やがて昭和《しょうわ》の時代《じだい》は終《お》わり―
生前《せいぜん》彼《かれ》はこんな言葉《ことば》を残《のこ》している
「我執《がしゅう》を捨《す》て唯一無雑《ゆいいつむざつ》の心境《しんきょう》で
人《ひと》と向《む》き合《あ》いなさい」
私《わたし》にできることはやった
あとは天《てん》から借《か》りた命《いのち》を
お返《かえ》しするだけだ
平成《へいせい》5年《ねん》の冬《ふゆ》
清玄《きよはる》は87年《ねん》の生涯《しょうがい》を閉《と》じた

会津田中家《あいずたなかけ》の末裔《まつえい》として
この世《よ》に生《せい》を受《う》けた清玄《きよはる》
彼《かれ》の人生《じんせい》が 田中清六《たなかせいろく》を始《はじ》めとする
田中一族《たなかいちぞく》の生《い》き様《ざま》と
一致《いっち》するのは
偶然《ぐうぜん》ではないのかもしれない
清玄《きよはる》もまた
日本《にほん》の昭和史《しょうわし》に計《はか》り知《し》れない
影響《えいきょう》を与《あた》えた巨人《きょじん》であった
その血統《けっとう》は今《いま》も脈々《みゃくみゃく》と
受《う》け継《つ》がれているのである

理想の国を追求し国体護持と戦後復興を支えた巨人

田中清玄《たなかきよはる》

会津田中家の子孫

旧会津藩田中家の子孫には、政治活動家で実業家、「昭和のフィクサー」とも呼ばれた人物がいる。田中清玄である。一般的には「せいげん」と呼ばれることが多いが、「きよはる」と読むのが正式であると、田中自身の自伝『田中清玄自伝』（ちくま文庫）で語っている。会津田中家では、男子の名に「玄」を付けることが多く

「はる」と読んでいた。会津藩大老を務めた田中家初代・正玄も「まさはる」だし、田中玄宰も「はるなか」と読む。

清玄は、明治39（1906）年3月5日、北海道亀田郡七飯村で生まれた。会津藩の中老を務めた田中玄純の子孫だという。清玄は、会津藩士の子孫であることを生涯誇りに思っていた。彼の筋を通す生き方と強靭な精神は、田中家に受け継がれてきた資質なのかもしれない。

清玄は大正13（1924）年に旧制函館中学から旧制弘前高校に進んだが、翌14（1925）年に清玄に大きな影響を与える事件が起きる。小樽高等商業学校の「軍事教練事件」である。同校の軍事教練を廃止するかどうかで騒動となったものだが、事件を知った清玄は、弘前で軍事教練の廃止を訴えるビラをまいた。これが、社会活動家としてのスタートとなった。

「武装共産党」のリーダー

清玄は青森県津軽の車力村で農民組合を立ち上げて農民運動を行ったり、北海道でも最初の労働組合となった函館合同労働組合を創設するなど、社会活動にのめり込む。昭和2（1927）年、東京帝国大学文学部美術学科に入学すると、その年の9月には日本共産党に入党、大学は在籍2年ほどで中退してしまう。清玄は、決めたこと、信じたことをとことんやり抜く強固な精神と行動力を持ち合わせているが、共産党においても、それが発揮された。清玄は活動で組織を拡大するオルグとして頭角を現し、東京の第3地区委員長となる。

当時の共産党は、日本では非合法の政党である。革命を掲げた思想は政府から受け入れられていなかった。昭和3（1928）年の三・一五事件、昭和4（1929）年の四・一六事件によって党幹部が逮捕されると、共産党指導部は崩壊する。清玄は、23歳の若さで日本共産党中央委員長に就任、佐野博、前納善四郎らと指導部を結成し党の再建を果たす。この3人の党派は「武装共産党」と呼ばれた。戦闘的で武力抗争も辞さない姿勢をとっており、幾度となく官憲との衝突事件も起こした。

昭和5（1930）年1月、清玄は和歌山二里ヶ浜で共産党再建大会を開催した。このことで、コミンテルンとの関係を強め、資金力や情報収集力を高める。コミンテルンとは、大正8（1919）年に結成された共産主義インターナショナルの略称で第三インターナショナルとも呼ばれ、各国に支部を持つ国際組織のことである。

資金を集めた党執行部は党の武装化を進め、川崎武装メーデー、東京市電争議の際における幹部暗殺計画や中央メーデー暴動化、小銃弾薬類の略奪計画などの既遂、未遂事件を起こした。そして、2月26日には、和歌浦で官憲との銃撃戦となった「和歌浦事件」が起き、多数の負傷者を出した。

母の自決と獄中での転向

この事件の後、清玄の母親が自決する。母親は清玄に対して、「お前が家門の名誉を傷つけたら、お前を改心させるために、自分は腹を切る」と言っていたそうで、母親の遺書には「おまえのような共産主義者を出して、神にあいすまない。お国の皆さんと先祖に対して、自分は責任がある。自分は死をもって諌める。おまえはよき日本人になってくれ。私の死を空しくするな」（『田中清玄自伝』）というようなことを書き残した。

母の訴えは清玄に大きな衝撃を与えた。それでも清玄は活動を続けた。しかし、同年7月14日に治安維持法違反で逮捕、無期懲役を宣告され獄中の人となる。

この頃、コミンテルンは日本の天皇制の廃止を訴えていた。昭和7（1932）年に発行した『赤旗』では、スターリンが絶対主義的天皇制を倒し、プロレタリア革命へと推し進めることを謳っている。

ところが、翌年6月、共産党委員長を務めていた佐野学と鍋山貞親が獄中で「共同被告同志に告ぐる書」と題した転向声明を出した。ソ連主導の共産主義運動は日本には適さない。今後は、天皇尊重の社会主義運動を行うという内容のもので、この声明を受けて投獄されていた多くの共産党員が転向したという。

清玄も翌昭和9（1934）年、獄中で天皇主義に転向する。清玄はこの時のことを次のように語っている。「八百万《やおよろず》の神といいますね。この世に存在するあらゆるものが神だという信仰ですが、この信仰が自分の血肉の中にまで入り込んでいて、引きはがすことができないと。そうしてその祭主が皇室であり、わが民族の社会形成と国家形成の根底を成しているということに、私は獄中において思い至ったのです。考えて、考えて、考え抜いたあげくの結論でした」（『田中清玄自伝』）。

山本玄峰《げんぽう》老師に弟子入り

無期懲役を科された身ではあったが、昭和16（1941）年4月29日、出所する。身元引受人は内務省警保局長の富田健治だった。5月1日、静岡県三島市の龍澤寺《りゅうたくじ》に山本玄峰老師を訪ねる。老師を訪ねた清玄は、「自分の本当に進むべき道を発見したい」と頼み、老師の秘書兼用心棒を務めることになる。龍澤寺には、首相を務めた米内光政《よないみつまさ》や鈴木貫太郎、吉田茂、岡田啓介、岩波文庫社長・岩波茂雄など、各界の大物が訪ねてきていた。

老師とは以前、小菅刑務所で会っていた。老師が受刑者に向けた講話に訪れた際、清玄は老師を紹介された。その時清玄は、刑務所を出たら、老師に教えを請いたいと考えた。清玄は、老師の下で修行しながら己の思想と精神的土台を築く。

清玄が玄峰老師の下で修行を始めた昭和16（1941）年は、その年の12月8日に日本軍が真珠湾を攻撃し、アメリカ、連合国との戦争状態に入った年である。当初、日本軍は各地での戦闘に勝利を納め快進撃を続けた。しかし、半年後の昭和17（1942）年6月のミッドウェー海戦で大敗すると、その後のガダルカナルの戦いなどで連合軍に敗れ続ける。昭和20（1945）年に硫黄島の戦いや沖縄の戦いで負け、日本の敗戦は濃厚となった。

軍部は本土決戦も辞さずという方針の元、徹底抗戦の構えを崩さずにいた。日本のとるべき道を誰かが示さなければならない時局を迎えていたが、軍部を抑えて戦争を終わらせることができる人物がいない。このままでは、日本の国体そのものが危ういというところまできていた。

戦況が悪化するなか、東条内閣の後を受けた小磯國昭《こいそくにあき》内閣が総辞職すると、後任を決める重臣会議が開かれる。そこで、当時枢密院議長を務めていた鈴木貫太郎に白羽の矢が立つが、鈴木は躊躇する。その鈴木を説得したのは、玄峰老師であった。老師は、鈴木に「事態を収拾できるのはあなただけだ」といって首相就任を後押しした。軍部が戦争続行を叫んでいる最中に会って「首相になって敗戦処理を行え」と説得やアドバイスをしているわけだから、玄峰老師だけでなく鈴木貫太郎も命懸けであったはずだ。鈴木の命を守れなければ、玄峰老師が描いた終戦は実現できず、国体も危うくなる。清玄は命を懸けて2人を守り、国体護持のために駆け回った。

鈴木は、玄峰老師の説得もあり、昭和20（1945）年4月、首相に就いた。その後も戦況は悪化の一途をたどる。7月にはアメリカ、イギリス、中国が日本の無条件降伏などを記した「ポツダム宣言」を提示してきたが、これに対して日本は正式な回答を控えていた。しかし、8月に入り広島と長崎に原爆が投下されると日本の敗戦が決定的となり、8月10日にポツダム宣言を受諾、日本は無条件降伏した。そして、鈴木内閣は、8月15日の玉音放送の後に総辞職する。

「玉音放送」で昭和天皇の「耐え難きを耐え、忍び難きを忍び」という有名な言葉があるが、この言葉を鈴木首相に送ったのは実は玄峰老師だったと清玄は振り返っている。清玄の自伝によると玄峰老師は、終戦を決する御前会議の前に鈴木首相に手紙を送った。その中で「これからが大事な時ですから、耐え難きを耐え、忍び難きを忍んで、体に気をつけながらやって下さい」と記している。昭和天皇の詔書に玄峰老師の言葉が入っているのは偶然ではないかもしれない。

国体護持を訴え昭和天皇に拝謁《はいえつ》

日本がポツダム宣言を受け入れたことでGHQによる統治が始まると、天皇の戦争責任を問う声や国体維持に対する国民の不安が高まる。そうした空気のなかで、清玄は10月、週刊朝日に「天皇制を護持せよ」という文を寄稿した。「諸民族の複合体である日本が大和民族を形成できたのは天皇制があったからだ」という主旨であったが、これを読んだ元静岡県知事で禁衛府《きんえいふ》（皇宮警察の前身）勅任官だった菊《きく》池盛登《ちもりと》が「天皇陛下に会わないか」と言ってきた。菊池は、龍澤寺をよく訪れており、玄峰老師とも親しかった。菊池は、清玄に「これからの日本がどうなるのか書け」と勧めていたのだ。

菊池は、清玄の寄稿、この文を昭和天皇に見せていた。そして、同年12月21日、清玄は生物学御研究所の接見室で昭和天皇に拝謁する。菊池の計らいだった。石渡荘太郎宮内大臣、大金益次郎次官、藤田尚徳侍従長、木下道雄侍従次長、入江相政侍従、徳川義寛侍従、戸田康英侍従らが陪席したなかで、清玄は3つのことを天皇に進言した。

1つ目は、絶対に退位されてはいけないこと。2つ目は、皇室財産を投げ出し戦争の被害者となり、飢えている国民を救って欲しいこと。3つ目は、天皇自身が国民の前に姿を現し、国民の様子を直《じか》に見て励まして欲しいこと。

天皇はこれを嘉納されたという。

その後、清玄は実業家として国際舞台で活躍するが、清玄が入手する確度の高い情報は宮内庁の入江侍従長などを通じて天皇に報告されていた。

実業家として世界に出る

清玄は、実業家としても大きな足跡を残した。終戦前夜の昭和20（1945）年1月、横浜で神中組を興す。目指したのは戦災地の復興だった。清玄は日本の復興には、食糧増産とエネルギーの確保が不可欠だと考えた。そこで、福島県矢吹ヶ原に羽鳥湖を、岩手県釜石市の近くの山中にロックフィルダムを造った。沖縄では、土木建設の事業を手掛けた。米軍の仕事をすればドルを稼ぐだけでなく、土木建設の技術を習得することができる。清玄は、復員してきた若者を沖縄の米軍工兵隊の土木技術学校へ送り込み、技術を習得させた。そして、港湾の仕事や住宅の仕事で外貨（ドル）を稼いだ。

アジアへの進出も果たす。沖縄で事業を手掛ける頃、タイに出た。三井合名の筆頭常務理事を務めた池田成彬からタイの戦後復興に日本の支援が要ると要請されたためだ。戦時中に日本軍が発行した軍票の処理に日本政府が頭を痛めており、これを解決したいというものだった。戦後、日本の電力事業を再編、九電力制を推し進めて「電力の鬼」とも称された実業家・松永安左エ門の仲介もあり、タイのピブン首相と会う。清玄は昭和30（1955）年、タイに家を構え5年間も日本と往復をする生活を送り、ピブン氏はじめタイの要人たちと人脈を築く。

ピブン氏は昭和32（1957）年のクーデターで国を追われることになったが、この時、清玄は「田中の世話になりたい」との電報を受け取り、ピブン氏の亡命を支援し日本に受け入れた。ピブン氏は昭和39（1964）年、神奈川県で客死した。

日本の石油危機を救う

「日本の戦後復興に最も必要なものは、食糧の増産とエネルギーの確保」だと位置づけた清玄は、アジアで石油の確保を現実のものにし日本の国益に多大な功績を果たすことになる。発電や物流の燃料として、またプラスチックや合成ゴム、合成繊維などの原料として石油は必要だった。つまり、日本が敗戦から立ち上がるために石油は欠かせない資源であった。石油を調達できなければ、日本の戦後復興は遅れていたであろう。

当時の石油は、欧米の石油メジャーが支配しており、日本がメジャー以外に独自のルートを確保することは不可能だと思われていた。しかし、清玄は多彩な人脈と胆力、行動力で道を拓いていく。

清玄のやり方は、通常のビジネスのやり方とは一線を画す。利益やリスクを天秤にかけながら駆け引きをするようなやり方ではない。本人の言葉を借りれば「相手になりきる」の一言に尽きる。例えば、反共やオランダからの独立を目指して運動するインドネシアの人々を支援すると共に、スハルトの大統領当選にも力を尽くす。活動家の身に危険が及びそうな時は、彼らをかくまうこともあった。

スハルト大統領が「日本に何かお礼をしたい」と言ってきた時、清玄は「保守勢力を助け、日本を安定させるには、石油が絶対に必要です。とりわけ貴国の石油のようにサルファ分の少ない石油が、公害対策上も日本には必要です」（『田中清玄自伝』）と答えると、スハルト大統領は、「インドネシアの残った取り分がある。それを全部日本のあなた方に回そう」と応じてくれた。

1970年代の日本は、オイルショックという経済的な問題と、石油に含まれるサルファ（硫黄）分による大気汚染の問題をどう解決するかで頭を悩ませていた。サルファの少ない石油を確保したいと考えていたが、メジャーの牙城を崩すことなど当時の常識では考えられない。そのサルファが少ないのがインドネシア産の石油だったことから、スハルト大統領の話は、日本にとって非常に有難いものだった。

清玄は帰国すると、すぐに、ことの次第を当時の佐藤栄作総理に報告、石油を受け入れるために新しい会社を立ち上げることにした。そこで、土光敏夫や中山素平に相談し、トヨタ自販の神谷正太郎を社長に立てた。当時、通産大臣だった田中角栄も承諾した。

「UAE建国の父」との親交

昭和36（1961）年、清玄はインドネシアのアラムシャ中将から、独立間もないクウェート国王の叔父にあたる副首長を紹介された。副首長からは、アブダビのシェイク・ザイド（ザイード）首長を紹介され強い信頼関係を築く。

ザイドは昭和46（1971）年、英国からアブダビの完全独立を勝ち取り、2年後には、同一民族であるドバイ、アジュマーン、シャルジャ、ウンム・アル・カイワイン、フジャイラ、ラス・アル・ハイマ、これらの首長国をまとめアラブ首長国連邦（ＵＡＥ）を打ち立て、初代大統領に就いた「ＵＡＥ建国の父」と称されるほどの人物だ。

そのザイドが昭和45（１９７０）年秋、清玄を頼ってきた。アブダビにとって重大な問題が起きていた。サウジアラビアがアブダビに対して、油田を含む領土の割譲を求めてきたというのだ。国益がからむ重大な問題である。清玄が駆けつけてみると、両国は緊張状態にあった。

ザイドに会った清玄は、サウジアラビアのファイサル国王を説得できるのはアメリカのニクソン大統領だと考え、すぐに日本へ帰国。佐藤首相と面談し、状況を説明した。佐藤首相は国連総会に出席する予定が入っていたので、そこでニクソン大統領と会談を果たした。結果として戦争は回避され、アブダビの領土は守られたという。

この一件の後、ザイドは清玄に「お礼はどうしたらいいか」と聞いてくる。清玄は、「日本に対しては油田の開発に参加できるよう取り計らってもらいたい」と答えた。すると、ザイドから、「日本も石油の採掘権を持って我々に協力するように」と道を開いてくれた。こうして、アブダビから日本に石油が入ってくる道筋ができたというのだ。

「自分を捨て、日本のためだけにやっている」

その後、カタールからも海上油田の使用権を認めてもらう。アメリカやドイツ、イタリア、フランスなどから国の威信を背負った代表が権利獲得に火花を散らすなか、日本が権利を得た。この時、カタール国王は、「田中は自分を全部捨て、日本のためだけを考えてやっている。自分にはそれが分かるので、田中の愛国心を愛でてやるのだ」(『田中清玄自伝』)と語ったというのが、清玄の生き方を見事に言い表しているように思える。清玄が親交を深めた多くの国のトップや実力者たちも、清玄に対して同じような思いを抱いていたのかもしれない。だからこそ、清玄は国を動かすようなことを成し遂げることができたのだ。

当時、日本が石油を仕入れるルートを独自に開拓することは、至難の業だと考えられていた。石油メジャーを敵に回すことになるからだ。出光興産を創業した出光《いでみつ》佐三《さぞう》が昭和28（1953）年、石油メジャーの圧力に抗い、イランから直接、石油製品の輸入を決行した。その際、船長はじめ乗組員は命懸けで約2万2000キロリットルのガソリンと軽油を日本に運んだ。日本の総理大臣として高度成長を支えた田中角栄もメジャーに頼らない独自の資源外交を推し進めたため、アメリカの反感を買ったといわれる。

それほどの政治的な圧力をかけられていた時代、国益を左右する大きな事業であるから、通常ならば政府や大手商社が手掛けるところだが、それを田中清玄という個人が成し遂げてしまう。なぜ、清玄はそのような大仕事ができたのか。

清玄は、国内だけでなく、海外のトップや実力者との幅広い人脈を築いていた。実業家であるから、もちろんビジネスの話をするが、ビジネスを前提として相手と付き合うのではなく、一人の人間として相手との強い信頼関係を築くことを第一に考えていたようなところがある。目の前の相手が問題を抱えていれば、それを全力で解決する。そうやって、国や人種の壁を超越した人間同士の深い絆を作る。自分が相手のために何ができるのかを考え、実行する人だった。

インドネシアで独立のために戦う人たちを支援し、亡命も手助けする。また、UAEのザイドは国益の問題を相談してくる。清玄は一介の日本人である。その日本人に世界のトップが心を許し、絶大な信頼を寄せた。そうでなければ、石油を確保するなどという偉業は成し得なかったに違いない。

圧倒的な人脈

清玄は昭和22（1947）年、ロイズの会員となった。ロイズとは、保険会社の保険を引き受ける組織で、その会員になれるのはごく限られた者だけだ。その基準は厳しく、ロイズの会員というだけで世界から信頼されるほどだった。これも、清玄の生き様と多彩な人脈のなせる業といえるかもしれない。

田中清玄の自伝を読むと、その人脈の広さと関係の深さに圧倒される。国内では、日本の電力制度をつくり上げた「電力王」「電力の鬼」と称された松永安左エ門や企業再建に辣腕を振るった土光敏夫、時の総理大臣、学者など実に幅広く多彩である。山口組3代目組長田岡一雄との親交の深さも有名である。昭和38（1963）年、清玄は田岡と「麻薬追放・国土浄化連盟」という組織を作り麻薬撲滅運動を展開したこともある。2人は終生の友として付き合った。

海外でも前出のタイのピブン首相やインドネシアのスハルト大統領、アブダビの首長でUAEの初代大統領を務めたザイドなど豊富な人脈を作り上げた。そのなかには、オットー大公の名もある。オットー大公は、オーストリア＝ハンガリー帝国最後の皇太子でハプスブルク家の継承者だ。清玄はオットー大公とも非常に親しく付き合い、オットー大公を日本に招くほどの関係だった。

オットー大公からは多くの人物を紹介されたようだが、その中にはオーストリアのハイエク教授の名前もある。同氏は、世界的な経済学者で、昭和49（1974）年にノーベル経済学賞を受賞している。この時、メインテーブルに招かれた日本人は清玄だけだった。清玄はハイエク教授を日本に招き、日本の霊長類研究の創始者と称される今西錦司博士を紹介している。

中国の鄧小平《とうしょうへい》とも交流があった。昭和55（1980）年、訪中し鄧小平と会談する。この時、清玄は、天皇の訪中を持ちかけているようだ。後に天皇の訪中が実現したが、この時の会談がきっかけになったのかもしれない。

「自由人になり切ること」「対象になり切ること」

人脈の作り方について尋ねられた清玄は、自伝の中で次のように語っている。混とんとした時代を生き抜く我々や、次の世代の人たちにとっても大いに参考になると考えるので、少々長くはなるが引用したい。

「秘訣というほどのことはありませんが、何でも自分を捨ててかかること。自分というものを滅してかかること。これは面倒ですよ。我執《がしゅう》になったらだめです。私はそれを純一無雑の心境といっている。この心境で相手と向かい合えば、相手の人物の器量がそのまま見えてくるものです。それと、相手が信用した以上は、こっちも信用するぞという態度を貫き通すことです。いったん約束した以上は、どんな困難があってもやる。嘘は言わん、これが世界中で通用する真理です」。

（中略）

「仕事というのは人間と人間を結ぶきっかけに過ぎないんですから。そのきっかけだけを漁って歩いて、だれが相手にしますか。人間と人間の本当の付合いなら、生死を共にすることもあるだろうし、喜びと悲しみを共にすることもあるだろうし、少なくとも私は今日まで、そう信じてやってきました」。

（中略）

「私はこれまで自分なりに一つの原則をもって行動してきました。それは自分が関係した人物のコネクションを利用して、仕事をしないということです。人の路線は使わない。やるときは全部自分が培った路線を使ってやる。これが私の原則です」。

また、次のようなことも語っている。「右翼の元祖のようにいわれる頭山満《とうやまみつる》と、左翼の家元のようにいわれる中江兆民《なかえちょうみん》が、個人的には実に深い親交を結んだことをご存じですか。一つの思想、根源を極めると、立場を越えて、響き合うものが生まれるんです。中途半端で、ああだ、こうだと言っている人間に限って、人を排除したり、自分たちで、ちんまりと固まったりする。自由人になり切ること。もっとわかりやすくいえば、対象になり切ること。政治家なら、国になり切り、油屋なら油田になり切り、医者ならバクテリアになり切る。それが神の境地であり、仏の境地だ」。

田中清玄を一言で語るのはスケールの大きさから考えると難しいが、常に理想の国を追求し続けることが自身の根本にあったのではないかと考える。そのために、若い頃は共産主義を信奉したし、戦後は国体護持と戦後復興のために、「日本」という国になりきろうとしたのだ。そして、その根本は、会津田中家の子孫であるという誇りと山本玄峰老師の教えだったのであろう。

清玄は、平成5(1993)年12月10日、脳梗塞で亡くなった。享年87。

近現代で活躍した田中たち

福岡の町を元気にした
伝説のプランナー

田《た》中《なか》諭《ゆ》吉《きち》

新聞社でプランナーの道を歩き始める

食やファッション、祭り、芸能、芸術、スポーツなど、いわゆる文化が華開くところは、付加価値が高く多くの人を集める力を持つ。つまり、文化の向上は経済的な豊かさをもたらすといえる。地域に根付いた文化は、数百年続く場合すらある。

文化が生まれるきっかけは様々だが、その始まりは、一人の人間の発案だということもある。

我々が土用の丑の日に鰻を食すようになったのは、江戸時代、売り上げが落ち込むうなぎ屋のために、平賀源内が企画した宣伝がきっかけだといわれている。今でいうプランナーの力によって、新しい食文化が定着したということであろう。

福岡では、田中諭吉が新たな文化づくりや文化向上に数々の功績を残し、伝説のプランナーとも称されている。福岡の戦後復興の象徴ともいえる天神の商店街「新天町」や太宰府天満宮での「曲水の宴」、櫛田神社の「おたふく面」など実に多くの有形無形の経済的、文化的な資産を残している。

諭吉は、明治34（1901）年に田中家の長男として生まれた。当時の田中家は、福岡市博多区上川端町で陶磁器店を営んでいたが、諭吉が16歳の時に父が亡くなる。そのため、経済的に苦しく、諭吉は思うように学校に通えなかった。しかし、諭吉は独学で書画を学び、昭和3（1928）年10月、27歳で福岡日日新聞社（現在の西日本新聞社）に入社、編集局社会部絵画班で新聞に掲載する挿絵などを描いていた。その後、企画広告部に移り様々なイベントや販促などの企画に関わる。新聞社を定年退職したあとは、広告代理店に席を置き生涯プランナーとして実に多くの足跡を残した。

諭吉は、どのような企画に携わったのか。その事例を見ると実に多彩である。新聞社に入社した年、諭吉は「自動車の交通安全祈願なら宗像大社」というイメージを作り上げる企画を立て、新聞などのメディア戦略で浸透を図った。企画は成功し、宗像大社に交通安全祈願に訪れる人は増え、今でも交通安全祈願に同社を訪れる人は後を絶たない。

その後も各種販促や新規開業した病院の認知度向上、戦時下では、「非常時局大展覧会」（昭和8）、「支那事変初盆大追悼会」（昭和12）、「大東亜建設博覧会」（昭和17）など、戦意高揚や戦没者慰霊のための企画を作った。

戦後復興を目指し商店街建設を構想

昭和20（1945）年、日本はポツダム宣言を受諾した。戦争によって国土は荒廃し生活物資も極端に不足、人々は苦しい生活を強いられた。そこに、敗戦が重なり日本中が自信を無くしていた。後に九州の商都となった天神地区も同年6月の福岡大空襲によって焼け野原となり、家を失った人も大勢いた。現在の西鉄福岡駅の西側には数千坪の空き地が広がり、そこに瓦礫《がれき》が積み上げられていた。食料や生活物資が不足し、配給では生活できない市民が露店や闇市で物資を買い求める。バラックもあちこちに建ち、無秩序な状態で街は荒れていた。福岡を統治していたGHQも治安の悪化には手を焼いていたようだ。

その頃、諭吉は西日本新聞社の「戦後対策本部」で、戦後復興のために様々な企画を立てていた。その一つとして、地元の商工業者が再び立ち上がることを支援しようという意図の下、焼け野原の天神に商店街を建設する構想を立てる。商店街に商工業者を集め商業を盛んにし、福岡復興のシンボルを作ろうというものである。商店街の建設に合わせて瓦礫の山を取り除き、街の整備も進める。

昭和20年10月、諭吉たちは、この企画を持って福岡軍政部の司令官を訪ね熱心に説明した。この企画は、闇市と治安の悪化に頭を痛めていた米軍政部を助けるものと受け入れられ、すぐに福岡県を通して許可がおりた。しかし、大きな問題があった。瓦礫の山だ。膨大な瓦礫を取り除くには、人を雇ってもかなりの日数がかかる。終戦直後で若者が不足しており、かなりの費用もかかる。

諭吉は、軍政部のバロー大佐に、瓦礫を撤去するためにブルドーザーを動員して欲しいと願い出た。米軍が東京の整備にブルドーザーを使用していたこと、そして板付空港基地にもブルドーザーがあるという情報を諭吉は得ていた。それで、バロー大佐に直談判したわけだ。大佐は、この申し出を快諾したという。軍政部としては、闇市がなくなり瓦礫の整備と復興が進めば、治安の回復にも役立つと考えた。人力に頼っていてはいつ終わるともしれない膨大な瓦礫の山は、ブルドーザーによってわずか１週間で撤去されたのだった。

昭和21（１９４６）年10月15日、整備された跡地に木造２階建ての住居兼店舗の商店街がオープンした。建設当初は、「西日本公正商店街」という名称で、そこに戦後の混乱や無秩序な空気を改めようという思いが込められたようだが、オープン時には生まれ変わるイメージを打ち出した現在の「新天町」に改められた。

４年後の昭和25（１９５０）年には、増改築と屋根の取り付けを行いアーケード型の商店街へと変身した。その時の「降っても照っても新天町」というキャッチフレーズは話題を呼んだ。「新天町」は、西日本初の大規模なアーケード商店街として多くの人を引き寄せ、福岡の戦後復興を支えるシンボル的存在として街と人々を元気にした。

令和4(2022)年11月、新天町商店街は隣接する施設などと共同で再開発を行う計画を打ち出した。大規模な複合ビルを建設し、その中に商店街も入ることになる。2030年の開業を目指すという。諭吉たちが描き、戦後から今日まで福岡の発展を支えてきた新天町は、新たな姿に生まれ変わる。

福岡の文化向上にも貢献

諭吉は様々な企画を手がけたが、社寺関連では先述の宗像大社以外の企画にも関わった。

博多の総鎮守で、博多祇園山笠が奉納されることでも知られる櫛田神社では、毎年2月の節分の時期になると、神社の入口に「節分おたふく面」が現れる。「大おたふく面の福くぐり」と称して、人々がおたふく面の口の中をくぐって参拝する。これは、「福が来るのを待つのではなく、こちらから福を呼び込もう」という何事も明るく、前向きにとらえる諭吉らしい発想から生まれたものだといえる。節分参りの風物詩となったこの福くぐりは、諭吉が昭和36（1961）年1月に、西日本新聞社を定年退職した後、広告代理店に籍を置いてから企画したものだ。

福岡を代表する祭り「博多祇園山笠」にも新しい風を吹き込んだ。祭りの期間中は、全国から大勢の人が祭りを見に博多に集まるが、博多の山笠は博多地区内で行われていた祭りのため区域外に出ることがなかった。そこで、諭吉が在籍していた広告代理店が、博多地区を出て福岡エリアでも山笠をお披露目する「集団山見せ」と櫛田神社内で山笠の常設展示を企画したのだが、伝統を重んじる祭りの関係者から承諾をもらえず行き詰まっていた。

そこで、諭吉が博多祇園山笠振興会に提議するのだが、それでも取りつく島がない。700年以上の歴史を守ってきた祭りである。慣習を変えるのは並大抵のことではない。そこを諭吉は、持ち前の明るさと実行力を持って、さらに得意な絵を入れた詳細な企画書を描いて熱心に交渉を行った。その結果、ついに振興会の承諾を得たのだった。

こうして、昭和37（1962）年には博多祇園山笠振興策として「集団山見せ」が始まった。続いて、昭和39（1964）年には「永代奉納番外飾り山笠」として、櫛田神社境内に常設するようになったというわけだ。企画力だけでなく、交渉術にも優れた諭吉の一面を表す好事例といえる。

平安の雅を再現した曲水の宴

諭吉は、全国天満宮の総本宮で菅原道真を祀る太宰府天満宮で毎年3月に執り行われる「曲水の宴」の復活にも一役買っている。「曲水の宴」について、太宰府天満宮のホームページでは「平安時代の宮中行事を今に再現する禊祓《みそぎはらえ》の神事。十二単《じゅうにひとえ》や衣装束帯の平安装束に身をつつんだ参宴者は、曲水の庭の上流より流れてくる酒盃が、ご自分の前を過ぎる前に和歌を短冊にしたため盃のお酒を飲み干します」と解説されている。曲水の宴のルーツは古代中国で行われていた禊《みそぎ》にあるようで、353年3月3日に書聖と称される王羲之《おうぎし》が蘭亭で曲水の宴を催し、そのことを王羲之の書『蘭亭序』に書いている。

その後、日本に伝わった曲水の宴は、古墳時代の485年に宮廷儀式として行われたようだ。平安時代になると、宮廷や貴族の邸宅でも開催されるようになる。大宰府でも天徳2（958）年3月3日に、大宰大弐という大宰府の次官を務めていた小野好古《おののよしふる》が、菅原道真の霊を慰めるために開催したということが『天満宮安楽寺草創日記』に記されており、太宰府天満宮にゆかりのある神事であったことがわかる。しかし、中世以降は途絶えていたため、諭吉はその神事「曲水の宴」を復活させようと提案したのである。

昭和38（1963）年3月の第一日曜日から実施され、以後、太宰府天満宮の春の行事として広く親しまれている。こうして途絶えていた文化をつないだ諭吉の功績は大きい。

賽銭を入れると鶴が鳴く

諭吉は元々、神社に奉納する絵馬が好きだということもあって、神社や寺に人が集まり繁盛することを好み、社寺に関連した企画も多く手掛けた。

変わったところでは、光雲神社《てるもじんじゃ》の「謡い鶴」がある。光雲神社は、明和5（1768）年に創建され、福岡藩祖・黒田孝高（如水）と、初代藩主・黒田長政を祀っている。名称の光雲は、黒田孝高の法名である龍光院殿と長政のそれである興雲院殿から一字ずつとった由緒ある神社であるが、昭和20（1945）年6月の福岡大空襲で全焼してしまう。

昭和40（1965）年8月、諭吉は光雲神社復元奉賛会の事務局長に就任すると、復元のための趣意書づくりから、竣工に至るまで行事の準備や運営などの実務も手掛け多大な貢献を果たしている。この復元活動のなかで、拝殿にユニークな仕掛けを施したのは、いかにも諭吉らしい。参拝者が拝殿に賽銭を入れると、天井に描かれた吉兆を表すという雌雄の丹頂鶴が鳴き声を上げる「謡い鶴」である。この趣向が話題を呼び、謡い鶴は光雲神社の名物となった。

一流のユーモアセンス

諭吉は様々な企画を立て、福岡を元気にしたいわゆる伝説のプランナーと言われる人物である。彼のアイディアの根本には、人々に楽しんでもらいたいという願いが流れていたように受け取れる。諭吉は、生来の明るい性格で、抜群のユーモアのセンスを持っていた。諭吉が発案する変幻自在の企画は、自身のユーモアのセンスが大いに力を発揮した結果であるとも思われる。

一つのエピソードがある。諭吉は若いころから髪が薄く、コンプレックスを持っていた。しかし、自分の頭を「光頭無毛文化財《こうとうむけいぶんかざい》」と称し、「有無庵《ゆうもあん》」と号したという。お孫さんである田中美帆さんは、『光頭無毛文化財・田中諭吉の生涯』で、その経緯を語っておられる。ある時、知人が諭吉を人に紹介する際、「この人こそ無毛

（形）文化財です」といったのを気に入り、それに「光頭」をつけ自らを「光頭無毛（荒唐無稽）文化財」と称していたという。いかにもユーモアを好む諭吉らしいエピソードである。

諭吉は、昭和25（1950）年11月、「福岡光頭会」を結成する。「禿頭をユーモアに変えて自慢し合おう」というのだ。地元の百貨店・岩田屋で「ミスター光コンクール」を開催した。頭の光や色、形状などを審査するというもので、大きな話題を呼んだ。また、同会の事務局を真髪神社に置く。福岡の禿げた著名人で「もう(毛)ておくれの会、けがなし祭り」を開催したり、3月の緑の週間に合わせて禿げた地面に植樹する「お笑い植樹まつり」を開催したりした。また、当時、福岡市長候補だった奥村茂敏氏を会長に「福岡銀髪会」なるものも設立した。

昭和31年には諭吉も発起人として「博多仁和加《にわか》振興会」の設立に関わった。博多仁和加は、目の部分を覆う半面を着け、博多弁で会話する。最後にオチをつけて話を決着させるというものである。博多の日常生活や世相を反映させたものなどをテーマにユーモアを交えて楽しむ伝統的な芸能で、その歴史は古く「福岡市指定無形民俗文化財」にも認定されている。諭吉は、振興会を設立し福岡の伝統文化の継承に貢献した。自身も一流のユーモアで博多仁和加を楽しんでいたようだ。

諭吉は書画にも秀でていた。イラストレーターとしても多くの作品を残した。また、書では勘亭流の名手でもあった。その腕前は、印刷関係者をもうならせるほどで、映画の宣伝用ポスターでも諭吉の勘亭流が採用されていたほどである。

博多、福岡を元気にした男

諭吉最後の企画は、「荒津まつり」であった。昭和45（1970）年に開催したもので、福岡市中央区の西公園付近の古い歴史を有する荒津地区発展のため、大陸との交易や人の交流など古代ロマンを再現しようとしたのだ。荒津まつりは、西公園の祭りとして続き、その後「大濠まつり」「荒津の舞」となった。諭吉は、荒津まつりを企画したが、その打合せの最中に倒れる。手術を受けるが入院から半年後の昭和45（1970）年9月5日、他界した。諭吉は、入院中も祭りのことが気がかりだったようで、病院を抜け出したりしていたというから、根っからの企画マンであった。

諭吉が関わった企画はかなりの数を挙げられるが、今でも祭りなどの文化、建造物として残り、福岡の発展に寄与し続けていることが、諭吉のプランナーとしての偉大さを物語っているといえるだろう。

諭吉は、『企画奥の手（アイディアを生んで成功させるまで）』（昭和36年6月）で、自身が関わった企画を例に挙げながら、企画を立てる際の考え方やマーケティング手法、実際に携わる際の組織づくりなどを解説している。この本は、その後の企画に携わる人たちの参考書として大きな影響を与えた。発行から60年を経た現在でも、大いに参考になる内容である。

何かと人を批判することが先に立ち、日本人が持ち合わせていたおおらかさが失われている今日の風潮を、諭吉はどう見るのだろう。きっと、一流のユーモアで人々を楽しませ、明るい社会への道筋を見せてくれるに違いない。

日本橋梁・構造界の育ての親
田中豊《たなかゆたか》

理論派として評価される

土木、建設は国の発展を支える重要な分野であるが、その中で橋は物資の輸送や人の移動にとってなくてはならないものである。橋梁近代化の基礎を築いた最も著名な人物の中に田中豊がいる。明治21（１８８８）年1月29日、旧長州藩士であった父久太郎の子として長野市で生まれた豊は、長野師範附属小学校から静岡師範附属小学校に転学。静岡県立中学校、鹿児島の第七高等学校を卒業し明治42（１９０９）年７月、東京帝国大学工科大学土木工学科に入学した。１年目の実習中に腸疾患に罹り、１年間の休学を強いられたが、大正２（１９１３）年７月に大学を卒業する。

卒業後は、全国の建設事務所を管理する鉄道院の技術部に入り、鉄道技術者として働き始める。その後、大正８（１９１９）年５月１日付けで総裁官房研究室（後の内閣官房研究所）勤務となる。ここで、田中は技術者としての優秀さを示す案件を手掛ける。羽越北線《うえつほくせん》折渡《おりわたり》トンネル（大正６年着工、同13年竣工）のシールド設計である。通常の掘削法では工事が進められないと秋田県建設事務所から相談を受けた案件だが、上司であった建設局工事課長の太田圓三らに相談しながら、わずか１ヶ月あまりでシールド工法を用いた設計を完了している。

この時、豊は日本で初めてシールド工法を掘削に用いた。非常に複雑な構造計算が要求される難しい案件だったが、見事にこの構造計算を成し遂げ周囲を驚かせた。この事例から、この頃の豊は設計というよりも、構造の理論的な裏付けなどを証明する理論派としての印象が強いといえる。『近代日本の橋梁デザイン思想』（中井祐著、東京大学出版会）でも、「橋梁設計よりもむしろ設計の根拠となる実験的・理論的研究を担当しており、周囲からは理論派として認められた存在であった」と紹介されている。

英、独、米に留学

豊は大正9（1920）年5月から大正11（1922）年11月までの2年半、英、独、米に留学する。主に鉄道力学に関する研究を目的としていたが、ドイツで橋梁についても学んだようで、この経験が後の橋梁設計に生かされることになる。

帰国した翌年の大正12（1923）年9月1日、マグニチュード7・9と推定される巨大地震が関東地方を襲った。南関東から東海地方の広範囲にわたり全壊・全焼住家約29万戸、死者約10万5千人に上る大災害であった。電気、ガス、水道といったライフラインをはじめ道路や鉄道、橋が寸断され都市機能がマヒした。橋梁は東京で675、横浜で108が損壊。政府は、9月27日に帝都復興院を設置、豊は復興院技師に任命され復興局に所属する。

人の移動や物資の運搬に欠かせない橋梁の建設は喫緊の課題であった。一日も早い復興が求められるなか、東京で425、横浜で99の橋の建設が決まった。この内、東京115、横浜35の橋の設計を豊たちの復興局が担当することになった。復興局は、この膨大な数の橋を驚異的なスピードで作っていくことになる。

新しい形式の橋を次々つくる

方針については、豊の上司であった土木部長の太田圓三が示し、橋梁課長の豊が設計を具現化し、現場を取りまとめていく役割を担ったものと考えられる。田中豊が橋梁設計の分野でその名を知られるようになったのは、この頃であろう。限られた時間のなかで150もの橋の建設を迫られる状況下にあれば、同じような形式で多くの橋を作る方がより効率的だと考えるはずだが、豊たちは従来のモデルを踏襲するのではなく、新しい技術や形式を積極的に取り入れようとした。

なかでも、「隅田川六大橋」とよばれる6橋では、1橋ずつ異なる当時としては最新の構造形式が採用されている。そこには、復興事業を機に、より強靭でデザイン性にも優れた橋梁の近代化を成し遂げようという、豊たちの強い思いを感じる。「隅田川六大橋」は、復興隅田川に架設した橋梁群の総称であり、下流側から相生橋・永代橋・清洲橋・蔵前橋・駒形橋・言問橋の6橋で構成している。この6橋は、東京で作られた115の橋の建設にあてられた予算の3分の1が投じられるほどの大事業だった。

ちなみに、『近代日本の橋梁デザイン思想』によると、六大橋の構造形式や長さは次のようなものであった。

相生橋　大橋は上路式7径間ゲルバー式鋼鈑桁、長さ145・97メートル。小橋は上路式5径間ゲルバー式鋼鈑桁、長さ45・82メートル。

永代橋　下路式3径間鋼ゲルバー式タイドアーチ。長さ185・17メートル。

清洲橋　下路式3径間鋼吊橋。長さ186・73メートル。
蔵前橋　上路式3径間鋼アーチ橋。長さ173・17メートル。
駒形橋　中央径間が中路式鋼アーチ橋。側径間が上路式鋼アーチ橋。長さ149・62メートル。
言問橋　上路式3径間ゲルバー式鋼鈑桁橋。長さ160・03メートル。
六大橋のうちの永代橋と清洲橋は平成12（2000）年に土木学会の「第一回土木学会選奨土木遺産」に選定され、平成19（2007）年には国の重要文化財に指定されている。このことからも、約100年前の豊たちの理論、技術がいかに優れていたかがわかる。

近代化のためのデザイン性と耐久性を追求

隅田川六大橋では、デザイン性と耐久性を追求している。橋の形やデザインは、川の規模やその土地の状態などによっても異なる。そのため、豊は先進的な技術や理論を基に、様々な形式の設計を行ったのだと考えられる。豊の挑戦が、日本橋梁界における近代化の基礎を築いたのであろう。その思想や理論は次世代の若者の道標として、その後の橋梁界が進む方向を示すことにもなった。

橋梁近代化のため、隅田川六大橋以外に、多くの街路橋でも様々な形式を採用している。鋼ラーメン橋（菖蒲橋）や鋼フィーレンデール橋（豊海橋）、ＲＣアーチ（聖橋、常盤橋、八重洲橋、南門橋）などである。

技術者としてのあくなき研究心と卓越した先見性で、次々と新しい橋を手がけたが、豊の設計思想に大きな影響を与えたのは、ドイツのケルン市の吊橋（１９１５年に架設）といわれる。前出の『近代日本の橋梁デザイン思想』では、「田中は、補剛桁に長径間鈑桁を用いたその大胆な構造と、トラス桁にはないシンプルで量感に富んだ形に、橋梁技術の将来の方向性を感じ取る。以後、田中は長径間鈑桁構造の追求を自らの課題に据え、隅田川六大橋という実践の機会を得て、それを実現し、さらにその成果を発展させて、総武線隅田川橋梁や田端大橋などを生み出していった」という。豊も東京大学で受け持った講義の中で、隅田川六大橋の設計においては「最も進歩せる形式として鈑桁の形式を採用する」と語っている。

後進の育成に尽力

昭和3（1928）年、豊は40歳で鉄道省大臣官房研究所に復帰するのだが、その際、豊を受け入れるために鉄道橋（主に鋼橋）の設計全般を担当する「第四科橋梁」が新設され、第四科長として4月1日に着任。昭和8（1933）年9月30日に鉄道省を依願退職して東京帝国大学教授専任となるまでの約5年半の間、田中は鉄道橋の設計に力を注ぐことになる。

鉄道省に復帰してからも、技術的進歩を追求する豊の姿は変わらない。このころの豊が関わった重要な橋では、総武線御茶ノ水・両国間高架線の橋群、高徳線吉野川橋梁、佐賀線筑後川昇開橋などがある。なかでも、昭和7（1932）年につくった総武線御茶ノ水・両国間高架線の昭和橋は、豊自身、会心の作となった。昭和橋は、豊が示した「鈑桁構造の長径間橋梁への適用」という方針を形にした、当時、短径間としては国内最長の44メートルを実現したものだ。豊のこうした姿勢は、若いスタッフたちにも新しい理論の実践と後進の成長を支える力になったようである。

豊の功績としては、日本の近代化を技術理論で支えたということが第一。加えて、その後の日本の国づくりのために、優秀な後進の育成と将来を担う学生の指導に尽力したことも大いに評価できる。

大正14（1925）年6月、東京帝国大学工学部土木工学科の教授に任命され、教壇に立つ。豊、37歳であった。鉄道技師・内務省復興局技師との兼任で、担当科目は「橋梁」であった。豊の講義は、ドイツの橋梁工学をベースに組み立てた理論を重視したものであったようだ。隅田川六大橋など復興事業で作った橋は、ケルンの吊橋の影響を受けた豊の思想が入っている。また、大学での講義でもドイツの橋梁工学をベースとしていることで豊の研究、理論構築の根幹をなすのがドイツの橋梁工学であるということがうかがえる。

昭和8（1933）年9月30日、豊は鉄道省を依願免官となった。翌年から東京大学教授として学生たちの指導に力を注ぐ。昭和13（1938）年3月31日に定年退官するが、同年11月24日には同大学名誉教授を引き受ける。その間も豊は溶接技術の研究を行っていた。

また、昭和18（1943）年4月に溶接学会会長、同20（1945）年2月には土木学会会長に就任するなど、いくつもの要職を歴任し業界の発展に尽力した。

昭和39（1964）年7月、毎年訪れていた軽井沢千ヶ滝の山荘で発病、そのまま東京に戻ることなく8月27日に亡くなった。享年76。

「土木学会田中賞」

豊が会長も務めた土木学会では、昭和41（1966）年度に「田中賞」が設けられ、橋梁・鋼構造工学に関する優秀な業績を表彰している。「田中賞」が出来た経緯はこうだ。

豊の死後、遺族が業界の振興のためにと、土木学会に寄付を行った。一方で、有志等が豊の功績を顕彰しようと発案、そして昭和40（1965）年、「田中豊博士記念事業会」が発足した。同会で寄付を募り、集まった寄付金を土木学会に寄付した。これを受けて土木学会は、記念事業として「土木学会田中賞」を授与するようになったというわけだ。

田中賞は、「業績部門」「論文部門」「作品部門」の3つの部門から成る。公益社団法人土木学会は、表彰の対象を次のように規定している。

業績部門：橋梁に関する技術の進歩、発展や事業の形成・実施、調査、計画、設計、製作・施工、維持管理等における実践などにおいて、顕著な業績を挙げたと認められる者。

論文部門：土木学会環境物に発表された論文、報告等の中で、計画、設計、製作・施工、維持管理、利活用、考案、歴史・文化、普及・啓発などに関連して、橋梁工学への貢献が大きいと認められる者。

作品部門：新設あるいは既設の橋梁およびそれに類する構造物で、計画、設計、製作・施工、維持管理、更新、復旧などの面において特色を有する優

れた作品

毎年、優秀な人材や作品に光を当て、橋梁・構造の発展に寄与している。

田中豊は、「橋梁・構造業界の育ての親」とも称される。国家の近代化に不可欠な橋を残すと共に、国家発展を支える人材を残した実績がこの言葉に表れているようだ。

日本の博物館の父

田中芳男《たなかよしお》

尾張洋学の大家、伊藤圭介に師事

文字や映像、一次資料や現物を保存する博物館、資料館の存在とその充実は、国や地域にとって非常に重要な意味を持つ。

日本の博物館の礎を築いた1人が博物学者の田中芳男である。芳男は、東京国立博物館の前身で、日本初の博物館と言われる「文部省博物館」や現存最古の産業博物館といわれる「神宮農業館」（明治24年設立）、国立科学博物館の前身である「教育博物館」などの創設に携わり、「日本の博物館の父」と称される。

天保9（1838）年8月9日、信濃国伊那郡飯田（現在の長野県飯田市）の中荒町の千村陣屋で医師・田中隆三（如水）の二男として生まれた。兄が若くして亡くなったため芳男が家督を継いでいる。千村陣屋の重職を務めていた父隆三は、学問に熱心で芳男に『三字経』から「四書五経」など、中国の古典や思想を学ぶ学問である漢学を学ばせた。

安政3（1856）年、19歳で名古屋へ出る。翌年、尾張洋学の大家で蘭方医、植物学者としても著名な伊藤圭介の門をたたき、中国や東アジアで発達した薬物学である本草学、医術、蘭学を学んだ。伊藤は、シーボルトに直接教えを受け、また「分類学の父」と呼ばれるスウェーデンのカール・フォン・リンネの植物分類法を日本に紹介し、綱・目・類（属）・種といった植物学用語を翻訳した人物でもある。伊藤が翻訳した分類法は今でも使われている。芳男にとって伊藤に師事したことがその後の人生に大きな影響を与えた。

パリ万博を経験

文久元（1861）年に伊藤が幕府の命により「蕃書調所《ばんしょしらべしょ》」勤務となったことから、芳男も伊藤に従い江戸に出る。蕃書調所とは洋学の研究や翻訳、教育などのために幕府が設立した機関である。翌年、特産品を扱う物産方勤務となるが、わずか1年半ほどで伊藤が名古屋に戻ってしまった。そのため、物産方は芳男が中心的な役割を果たすこととなる。

芳男は、国内の物産を調査するだけでなく、海外の植物学や動物学などの書物の翻訳、さらには、穀物や野菜、花などの試験栽培にも取り組んだ。

慶応3（1867）年、幕府は「パリ万国博覧会」に公式に参加する。ナポレオン三世の命令で開催された同博覧会は、日本がはじめて参加する万国博覧会でもある。幕府は、漆器や陶磁器、錦絵、絹織物、和紙などの美術工芸品や昆虫標本を出品した。昆虫標本は、芳男が昆虫の採集から標本製作まで携わっている。この時に芳男が作ったのは、日本初となる西洋式昆虫標本で、芳男はこれを56箱用意した。さらに出品資料の展示担当も任され、芳男自身もパリ万博に参加する機会を得る。芳男は、滞在中に博物館や動植物園などを見学し、自国にもこうした施設の必要性を感じる。この時の経験や感動が、日本で博物館や動植物園を創る原動力になったといえるだろう。

明治4（1871）年に設置された太政官正院の博物館事務局では一級事務官に任じられ、明治6（1873）年に開催されたウィーン万国博覧会にも派遣された。明治政府として初めて参加する万国博覧会である。日本の国力を示すため大いに力を入れる必要があった。芳男は当時、国内各県の産物リストを作成して展示資料の提供を求め、収集している。そして、出品予定の品々を公開することを目的に、ウィーン万国博覧会開催の前年に湯島聖堂大成殿で「湯島聖堂博覧会」を開催した。

政府も、博覧会開催に殖産興業の意義を見出し、内国勧業博覧会を開催して産業振興を図った。当時、内務卿であった大久保利通は博覧会を有効だと考え、内国勧業博覧会の開設を積極的に進め、芳男は事務局から審査までを務めた。

上野公園の設計に関わる

明治9(1876)年には、アメリカ独立100周年を記念して開催されたフィラデルフィア万国博覧会にも事務官として関わり、鮭、鱒の養殖技術を学んでいる。芳男は、博覧会の開催に積極的に関わり、博物館や資料館の創設、普及に尽力した第一人者である。

前述したウィーン万国博覧会開催前年の明治5(1872)年には、芳男ら文部省博物局が湯島聖堂博覧会を開催したが、この時の博覧会が東京国立博物館の創立となった。また、芳男は明治8(1875)年、上野公園の設計に携わる。上野公園には博物館が移設され、附属施設として動物園が出来た。これが、後の上野動物園となる。

明治24(1891)年には、伊勢神宮の環境整備などを行う「神苑会」から日本最古の産業博物館となった「神宮農業館」の創設を依頼され、総責任者として資料の収集から整理を自ら行い、展示と解説までも手掛けた。資料の収集には私費を投じたほどの力の入れようで、芳男の博物館にかける情熱がうかがえる。

芳男は、理解しやすいように図解や模型、標本を使って、農業に関する知識や技術などを分かり易く展示することに心を砕いた。そのおかげで、農業に対する理解が一般へも広がった。芳男のこうした展示法は、今の博物館でも採用されている。

日本人の食を豊かにしたい

芳男は、博物館の創設に情熱を注いだ。それは、日本の歴史と現状を把握するとともに、海外に日本の文化度の高さや国力を示す役割も果たした。同様に芳男は、国内の食糧事情を向上させるため海外の野菜や植物を日本でも栽培できるように研究、国内で広く生産できる道も開いた。例えば、我々が普段食べているリンゴも芳男が手掛けた。日本のリンゴはもともと、和リンゴと呼ばれるゴルフボール程度の小ぶりなものだった。早生で酸味が強く、あまり美味しいものではなかったようである。

芳男の子孫である田中義信の『田中芳男十話』によれば、福井藩主・松平春嶽《まつだいらしゅんがく》の巣鴨藩邸にあった西洋のリンゴが美味しかったことから、この木を譲り受け在来種に接ぎ木を試みた。こうして、苗木を増殖し東北地方などに配布したおかげで、美味しいリンゴを手軽に食べることができるようになった。

また、ビワの品種もつくっている。芳男は長崎でビワを食べ、その美味しさに感動し持ち帰って自宅で育てた。それが、「田中ビワ」と呼ばれる品種で、明治21年頃から全国に広がり、現在でも人気の高い品種である。

珈琲栽培にも関わった。日本での珈琲栽培を提唱したのは榎本武揚《えのもとたけあき》である。榎本は、江戸幕府の海軍副総裁として、戊辰戦争最後の戦いとなった函館戦争に参戦したが敗戦。その後は、新政府に取り立てられ、様々な要職を歴任、私立東京農学校（現東京農業大学）の創設にも関わり田中とも交流があった。

榎本は、明治7（1874）年に珈琲などの国内栽培を政府に建議した。そこで、オランダ政府からジャワ島の珈琲苗木が送られたが、枯れてしまう。この事業を引き継いだのが芳男であった。芳男は明治11（1878）年1月、2年前に日本領として編入が認められた小笠原諸島の温暖な気候を生かそうと考え、部下の武田昌次《たけだまさじ》を派遣し珈琲やオリーブ、ゴムなどの栽培を始める。そして、3年後の明治14年（1881）年に珈琲栽培に成功した。

芳男は、日本人の暮らしを良くしたいという考えから、リンゴやビワ、珈琲だけでなくキャベツや玉ねぎ、落花生、白菜、オリーブ、チューリップなど、当時の日本が海外から導入した作物や植物の普及にも中心的な役割を果たしたのだ。

学校経営でも才を発揮

芳男は、後進を育成するための環境づくりにも力を注いだ。明治11（1878）年、東京大学農学部の前身である駒場農学校の設立に携わる。駒場農学校は、農場のほかに、園芸・植物園や家畜病院、さらに気象台までも備えた農業における総合教育と研究を行う機関として日本の近代農業に貢献した。

明治35（1902）年3月、東京農業大学の前身である大日本農会附属私立東京高等農学校の初代校長に就任した。芳男が校長に就任した頃の学校は、経営難に苦しんでいた。芳男は、標本室をつくるなど設備の充実を図り、生徒数を増やして学校の経営を立て直すという経営の才も発揮している。

明治14（1881）年には日本初の農業団体「大日本農会」の結成、翌明治15（1882）年は国内唯一の水産業の総合団体「大日本水産会」、国内最古の林業団体「大日本山林会」の創設に携わる。明治23（1890）年貴族院勅選議員に任じられ、明治26（1893）年には日本園芸会副会長として、小平義近《こだいらよしちか》らと日比谷公園設計案を提出する。

生涯を博物学と農業、林業、水産業の発展のために尽くした芳男は、多大な功績が認められ、大正4（1915）年には男爵を授けられた。大正5（1916）年6月22日、永眠。享年77であった。

膨大な資料を収集した「田中芳男文庫」

田中芳男は、「日本の博物館の父」と称されるだけに、様々なものを収集していた。本草学や農林水産業、動植物に関する専門的な書籍、幕末から国内外で集めたパンフレットや商品ラベルなど、何でも集め、スクラップブックでまとめていた。

芳男が集めた膨大な資料群は、東京大学総合図書館に「田中芳男文庫」として保管されている。芳男の孫の田中美津男（男爵）が1931年に寄贈したもので、専門書関係が6000点、パンフレットなどの印刷物を集めたスクラップブック『捃《くん》拾帖《しゅうちょう》』『外国捃拾帖』が99冊に及ぶ。東京大学総合図書館では、「明治時代の博物学者である田中芳男が自ら収集した、幕末から大正時代にかけてのパンフレットや商品ラベル、料理屋の箸袋などを収めた膨大なスクラップブックで、総合図書館の貴重図書にも指定されている類い稀な資料群」だと評している。

さまざまな時代の歴史的事実や優れた技術、科学的成果、文化、風俗、芸術などを保存や記録などによって残すことは、未来の礎となる。田中芳男が、様々なものに関心を持ち、それを保存し伝えたことが、豊かさを享受する我々の生活や産業を支える力となったのである。

様々な分野で活躍する田中氏

二人の総理大臣

政治家では内閣総理大臣として、2人の田中氏が名を連ねている。田中義一と田中角栄である。

田中義一は陸軍大将と内閣総理大臣を務めた軍人であり政治家である。義一は陸軍士官学校、陸軍大学校を出て日清戦争に従軍した。ロシア事情に精通していたこともあり、日露戦争では満州軍参謀を務めるなど軍人として高い評価を得ていた。

大正7（1918）年、原内閣で陸軍大臣に就任。さらに、男爵に叙され陸軍大将にも進級した。しかし、大正10（1921）年、狭心症が原因で静養生活に入る。その後、大正14（1925）年、高橋是清が辞任した後の政友会総裁に迎え入れられる。当時の治安維持法では、現役の軍人が政治結社に入ることを認めていなかったため退役し政治家の道を歩む。

第一次世界大戦後の戦後不況で日本中が不景気に陥っている時期であったが、昭和2（1927）年3月14日の衆議院予算委員会で時の蔵相が「東京渡辺銀行が破綻」と誤った発言をしたことで金融不安が加速し、銀行での取り付け騒ぎが起きた。4月には財閥・鈴木商店が倒産し、台湾銀行が休業するなど政情不安が大きくなった。

この、いわゆる昭和金融恐慌によって第一次若槻内閣が総辞職すると、立憲政友会総裁だった義一が同月20日に組閣、第26代内閣総理大臣に就任し、外務、内務、拓務の3大臣も兼務した。金融恐慌は、大蔵大臣の高橋是清がモラトリアム（支払猶予令）を出し、騒動をおさめることができた。しかし、拡大を図る軍部との対立に苦心するようになる。昭和3（1928）年6月4日に起きた張作霖《ちょうさくりん》爆殺事件の問題の対応が原因で、昭和４（１９２９）年７月２日に内閣を総辞職した。

田中義一は非常にかじ取りの難しい時代に、軍人と政治家のトップとして国のために戦い続けたが、それだけに心労が絶えず、昭和４（１９２９）年９月29日、急性心不全により死去。享年65であった。

田中角栄は、第64・65代内閣総理大臣を務めた。角栄は敗戦後の日本経済復興のけん引役として力を発揮した政治家であった。経済的な理由から尋常小学校（現在の中学校）を卒業すると、上京し働いた。昭和12（１９３７）年、「共栄建築事務所」を設立し実業家としての道を歩み始める。翌13（１９３８）年、陸軍の騎兵第24連隊に入隊、満州で兵役に就くが肺炎を患い昭和16（１９４１）年10月に除隊。

その後、角栄は「田中建築事務所」を開設し、昭和18（１９４３）年には「田中土建工業」を設立。理研コンツェルンの仕事なども受注し、年間施工実績で全国50位に入るまでの会社に育て上げた。

終戦後は昭和22（１９４７）年４月に行われた日本国憲法による最初の総選挙で当選し国会議員になると、持ち前の才覚と実行力で権力の階段を駆け上がる。新人議員ながら、吉田内閣で法務政務次官に抜擢されたのを皮切りに、昭和32

（1957）年第一次岸内閣で郵政大臣、昭和37（1962）年第二次池田内閣で大蔵大臣を務めた。角栄は、「コンピュータ付きブルドーザー」と呼ばれるほど、卓越した記憶力と他を圧倒する行動力を併せ持っていた。たいへんな勉強家でもあった。六法全書を読破し、1本でも通すのが難しいといわれる議員立法を33本も通している。

昭和47（1972）年7月、佐藤栄作総理の後継者争いを制して総理に選ばれた。尋常小学校卒から最年少で政治家のトップに昇りつめた角栄を、国民は「今太閤」ともてはやした。総理になった角栄は次々と政策を実行していく。角栄は総理就任のわずか2ヶ月後には外務大臣の大平正芳を伴い中国を訪問し、周恩来《しゅうおんらい》首相や毛沢東共産党主席との会談を果たす。そして、9月29日には両国の共同声明を発表し、「日中国交正常化」を成し遂げてしまった。経済発展に欠かせない石油を確保するために独自の資源外交を展開し、石油の仕入れルートの開拓にも力を尽くした。国内に向けては、国土改造計画を発表し、豊かな国づくりのグランドデザインを示し、道路網の整備や住宅供給など様々な施策を実行した。

角栄ほど国民に慕われた政治家はいないだろう。国民だけでなく、政治家、官僚にも角栄信奉者が多かった。ロッキード事件で刑事被告の身となったにもかかわらず、その後の選挙で圧勝し、総理を退いた後は最大派閥を率いるキングメーカーとして政界に絶大な影響力を誇った。

平成5（1993）年12月16日、75年の生涯を閉じた。

角栄が亡くなって既に30年が経つが、今でも不景気や世の中に不安な空気が漂うと、「角栄待望論」が出てくるし、角栄に関する本が出版されると売れる。自然災害による被害が毎年のように起き、世界のパワーバランスがくずれ外交力が問われる今、改めて「角栄ならどうするか」と時代を超えてその考え方や行動力が再評価されている。歴代総理のなかでも角栄ほど強い印象を我々に残した政治家はいないだろう。

音楽と鉄道界で活躍した物理学者

音楽の世界でも、田中正平《たなかしょうへい》が類まれな才能を発揮した。純正調のオルガンを発明するとともに鉄道技術の向上にも寄与した物理学者である。

田中正平は、文久2（1862）年、兵庫県三原郡賀集村、現在の南あわじ市で生まれた。父才二は村の名主を務めていた。正平は大阪英語学校から東京の開成学校を経て明治11（1878）年、東京大学理学部に進む。大学では物理学教授であったアメリカ人のトマス・メンデンホールに師事、富士山の重力調査などに携わっている。

正平と音楽をつなげたのは、やはりメンデンホールの影響があったようだ。正平は自らバイオリンを習うなど音楽に対する興味を深めていく。

明治15（1882）年、大学を卒業すると東京大学予備門教諭となり、翌年には助教授に任じられた。

明治17（1884）年、正平にとって大きな転機が訪れる。文部省から音響学と磁気学を研究するためドイツへの留学を命じられる。この時に留学した一行の中には、小説『舞姫』などを著した森鷗外(林太郎)もいた。正平の妻は鷗外の親戚である。ドイツでは、ヘルムホルツの定理などで物理学の権威とされたベルリン大学のヘルマン・フォン・ヘルムホルツ教授に師事する。ここで音響学の研究に打ち込むが、明治21(1888)年に官費留学の期限が来た。しかし、正平は私費で留学を続ける。

正平の努力は、2年後の明治23(1890)年に実を結ぶ。「純正調の領域の研究」と題した論文を発表し「純正調オルガン」を製作すると、ドイツ皇帝ヴィルヘルム2世がこれを絶賛、皇帝から純正調パイプオルガンの製作に対して援助を受けることになった。

明治25（1892）年に純正調パイプオルガンを製作、翌明治26（1893）年にヴィルヘルム2世主催の完成披露演奏会が開催されると、正平の名声は高まった。

一般的なオルガンは、「平均律」と呼ばれる音律によって1オクターブに12の鍵盤を有している。しかし、正平は、和音を弾いた際により美しい音を奏でられるように1オクターブに20の鍵盤を有するオルガンを考案した。非常に複雑な計算を正平は解き明かし、純正調オルガンを作り上げた。

明治32（1899）年4月、16年間にわたるドイツ留学を終えた正平は帰国、日本鉄道に入社し汽車課長に就き鉄道技師として働き始める。明治40（1907）年6月、北越鉄道工務課の一等技師となる。その2ヶ月後、同社が国有化されると帝国鉄道庁鉄道調査所技師となる。明治44（1911）年2月には鉄道試験所所長に就任した。

その間、鉄道技術に関する幾つもの論文を発表。また、従来のサクスビー式連動装置にドイツ式改良を加えた新しい連動装置を開発するなど、鉄道の近代化にも貢献した。

大正2（1913）年5月、鉄道試験所が総裁官房研究所に改組されたのを機に鉄道院嘱託となる。そして、昭和3（1928）には田中電機研究所を設立。研究所では、電気信号装置などの発明を手掛けるなど、長年にわたって鉄道界に貢献を果たした。

鉄道技術者として活動する傍ら、純正調の研究も再開する。昭和7（1932）

年に国産第1号となる純正調リードオルガンを製作し、昭和12（1937）年には普及型を発表し日本国内でも高く評価される。音響学の研究を続ける一方で、日本音楽協会理事長などを務め日本の音楽界の発展に寄与した。昭和20（1945）年10月16日に疎開先の千葉県内で亡くなった。享年83。

様々な分野で大きな足跡を残した田中氏を取り上げたが、歴史の中で輝きを放った田中氏はまだまだ大勢見受けられるし、これからの調査でさらに多くの人物が見つかるものと期待している。

田中姓を名乗る人は、全国に130万人余もいるが、そこには、田中家から他家に入った人などを入れると、かなり多くの家が田中家とゆかりのある人を親戚に持っていることになる。実は、私自身も最近まで、我が家の先祖には田中家の関係者はいないと思い込んでいた。しかし、3代前にあたる曾祖母が、田中家から嫁いできていることを知り、改めて田中家との縁を感じた次第である。田中氏について調査しているのも、こうした先祖の導きかもしれない。

皆さんの家にも田中家出身の先祖がいたかもしれない。そして、今回紹介した田中家との縁が見つかる人もいるかもしれない。これまで切れていた糸が再びつながる人が1人でも見つかれば、こんなにうれしいことはない。

田中家の家紋

平安時代に生まれた家紋

それぞれの家には紋章である「家紋」がある。家のシンボルであり、非常に重要なものだ。しかし、最近では仏壇や墓石、冠婚葬祭で着る着物などに使われているのを目にする程度で、日常生活の中で家紋を意識する機会は随分減ったように感じる。そのため、家紋を知らないのは若者だけではなく、中高年にも多い。

日本における家紋の歴史は古く、平安時代まで遡る。都の公家たちが、自分の

丸に笹竜胆　揚羽蝶　下がり藤　橘

牛車と人のそれとを区別するため、所有する牛車に文様を付けたのが始まりだとされる。これが公家のあいだで流行った。このころの家紋は、優美さを追求したものが多いようだ。

平安時代を代表する氏族といえば「源氏」「平氏」「藤原氏」「橘氏」のいわゆる「源平藤橘《げんぺいとうきつ》」が有名で、使用した家紋の種類も多い。主なものとしては、源氏は「笹竜胆《ささりんどう》」、平氏は「揚羽《あげは》蝶《ちょう》」、藤原氏は「牡丹《ぼたん》」や「藤《ふじ》」、橘氏は「橘《たちばな》」が知られている。

武士が台頭すると、公家の流れ以外にも多くの武家が家紋を使うようになり種類も増える。武家は、戦場で敵味方を区別しやすいよう、遠くからでも目立つシ

織田木瓜

五七の桐

ンプルなデザインを好む傾向が強かったようだ。源氏の棟梁源頼朝は「笹竜胆《ささりんどう》」を家紋とした。戦国時代には織田信長が「織田木瓜《おだもっこう》」を使用していた。家臣では柴田勝家が「二《ふた》つ雁金《かりがね》」、前田利家が「加賀梅鉢《かがうめばち》」。信長と戦った今川義元は「丸《まる》の内《うち》に二《ふた》つ引両《ひきりょう》」、浅井長政は「三盛亀甲《みつもりきっこう》」であった。羽柴秀吉は「五七桐《ごしちのきり》」等を使用し、黒田官兵衛は「藤巴《ふじどもえ》」、田中吉政は「左《ひだり》三《み》つ巴《どもえ》」を家紋とした。

多種多様な田中家の家紋

家紋は、植物や動物、数字、自然、文様、器物、建造物などをモチーフにしたも

のが多く、基本となるデザインは３００とも４００とも言われる。

田中姓は全国に広がっているが、なかでも福井や滋賀、京都、大阪、兵庫、鳥取、島根、福岡、熊本などに多い。人数が多いだけに使われている家紋も多彩である。地域によっても違いはあるが、広く使用されている家紋としては、巴、違い鷹の羽、木瓜、剣片喰、四つ目、立ち沢瀉《おもだか》、釘抜き、三つ柏、五三桐などがみられる。

基本となる文様に枠を付けたりアレンジを加えたものも使われるようになり、家紋の種類は現在、3万とも5万とも言われる。そのため、同じ名字であっても氏族や地域、歴史などによって家紋の種類は異なる。

例えば、初代筑後国主として福岡県南を治めた田中吉政は左三つ巴を家紋としていた。吉政は、左三つ巴以外にも釘抜き紋や桐紋など複数の紋を使用していたようであるが、吉政といえば関ケ原の戦いに際して旗印として使用した左三つ巴の印象が強い。

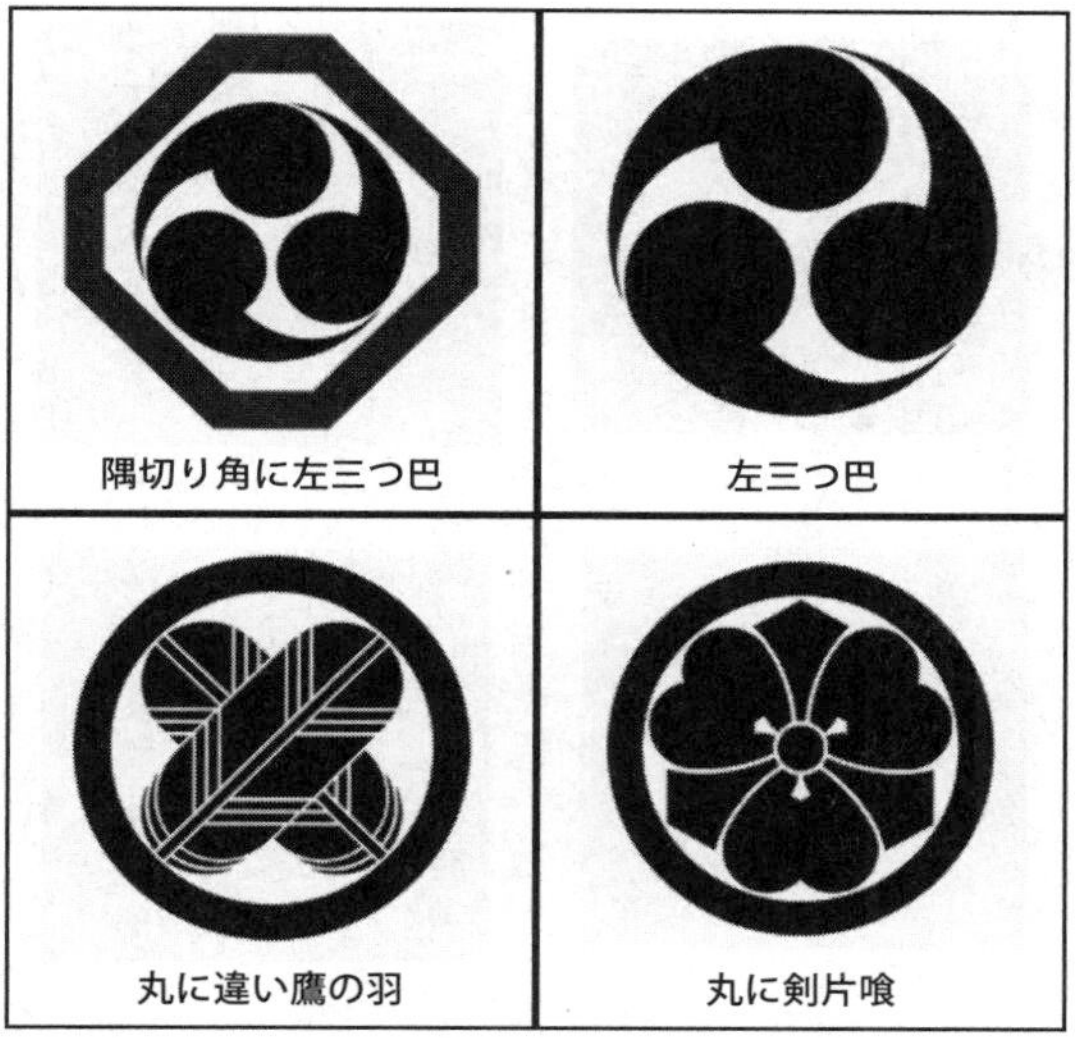
隅切り角に左三つ巴　左三つ巴　丸に違い鷹の羽　丸に剣片喰

　福岡県でも左三つ巴を使用している家がある。先祖が吉政の治めた領地から福岡市内に移り、現在は、福岡市で建物資産活用を手がける株式会社理創社長の田中啓之氏や、株式会社井口工務店会長の吉田良子氏の母方である柳川市の田中家も左三つ巴を家紋としている。いずれの家も、田中吉政一族の子孫であると思われる。

　同じように左三つ巴を家紋としているのは、福岡市に本社を置くタイキ薬品工業株式会社会長の田中千雄氏の家も左三つ巴を使用しているが、先祖を辿ると尼子、毛利に仕えた三沢為清を祖とする田中家である。東京の田中綾子氏も左三つ巴を使用しているが、会津田中家との関わりがありそうだ。

田中啓之氏の先祖が、福岡に移り住む前に暮らした福岡県みやま市の廣瀬地区には、左三つ巴にアレンジを加えた「隅切り角に左三つ巴」を使用している田中家が数十軒存在するが、田中吉政の一族の子孫であると思われる。廣瀬地区の出身で、現在は東京のZ会で国語講師として多くの東大合格者を輩出してきた田中照彦氏の家もこの家紋を使用している。

田中吉政一族の子孫と思われる福岡の田中家では、左三つ巴以外に違い鷹の羽や剣片喰などを使用している家もある。左三つ巴と併せて使用していた家紋の場合もあるし、田中家が改易になった後、田中家との関係を伏せるために家紋を変えた家もあるという。

家紋は、最初につくられたものを受け継ぐだけでなく、武士であれば主君から与えられた家紋に変える者、幾つかの家紋を使用する者などもいた。さらに、本家が使用していた家紋にアレンジを加えたものを使用する家も多い。そのため、同じ「田中」姓であっても、多くの家紋が存在するようになったと思われる。

家紋に込められた意味や願い

家紋には、それぞれに意味があり、家の繁栄や勝利への願いが込められている。『家紋大図鑑』(丹羽基二著、秋田書店)などを見ると、例えば、桐紋は吉兆を知らせる鳳凰が止まる木とされ、日本では皇室の紋章として使用されていた。桐紋が皇室以外に広がったのは、後醍醐天皇が足利尊氏に与えたころからだといわれている。足利義昭は織田信長に桐紋を与えた。豊臣秀吉も桐紋を使用しているが、秀吉は多くの家臣に桐紋を与えたことから、家臣の紋と区別するため太閤桐をつくり使用するようになった。桐紋は現在、日本政府の紋章でもある。

田中吉政は左三つ巴を使用したが、巴紋は歴史が古く海外でも古くから使われていた。形が勾玉に似ていることから神紋として神社での使用も多い。また、巴の形が水を表すとして防火の願いを込めて屋根瓦に使用する例も見受けられる。沢瀉《おもだか》は、生えている形が矢じりに似ていることから別名を「勝ち草」とも言われ、戦陣において縁起のいい紋として武将たちから好まれた。釘抜きは九城《くき》を抜くという戦における縁起を願っているようだ。鷹や鷹の羽は、勇猛果敢な鷹の性質が武将たちに好まれた。

家紋は、今を生きる私たちと先祖とのつながりを示してくれる大事なシンボルである。近年、メディアの影響もあり名字や家系に興味を持つ人が増えているように感じる。家紋は先祖を調べる鍵ともなるため、自分の家の家紋の由来について調べるのも家系調査を進める上で役に立つだろう。

あとがき

名前は自分が何者であるかを他者に示すとともに、所属する集団の中で個を表すための印としての役割を果たします。そのため、同じ名字を持つ者同士であればお互いに親近感を持ちやすいし、同じ名字の人が社会で活躍すれば誇らしく思うものです。それほど、名字は我々に強い影響を与えているといえるでしょう。

「田中」という名字は、日本で4番目に多く、数にすれば130万人余と言われます。総務省が2022年8月に公表した「令和4年住民基本台帳人口」のデータと照らし合わせると、奈良県や長崎県の人口に匹敵する数です。そのため、数の多さばかりが強調されるようになり、当の田中家の人たちですら、自分の名字をありふれたものだと思いこんでいる節があります。しかし、「田中」は、現存する日本最古の歴史書『古事記』にも既に登場する由緒ある名字なのです。

平成27（2015）年2月に上梓した『トップの資質』で、戦国武将田中吉政の生涯をまとめる機会を得ました。その縁で、吉政と田中家の人々について興味を持ち調べるようになったわけです。すると、歴史に大きな足跡を残した田中氏が、引き寄せられるように次から次へと現れてきたのには驚きました。その人たちの歴史を紐解くと、天下人を支えた田中氏、個人で世界と渡り合った田中氏、日本のエネルギー産業やインフラを支えた田中氏、民衆と共に国の誤りを正そうとした田中氏、企画で地域や人々を元気にした田中氏など、生前の光が今もって色あせないほどの輝きを放っていることを感じさせる人ばかりです。

こうなると、「田中」を名乗った人の中に、幾人もの偉人がいたことを知ってもらいたいという思いが強くなるものです。「田中」氏は、幾つもの系統があり使用する家紋の種類も多く、「田中」というだけで同じ一族とは言えない場合も多々あります。それでも、同じ名字を持つ人たちの生き様を知ることで、これまで以上に「田中」という名字に対する愛着と誇りをもっていただきたい。自分の子や孫にも語っていただきたい。さらに、自分の家の物語も子孫のために残して欲しい。この本は、全国の田中さんにエールを送りたいという思いで書き始めたものです。

当初の企画では、掲載する田中氏の数とページ数はもっと少なく、小冊子的なものをイメージしていましたが、いつのまにか1冊では収まらなくなり、2冊同時発売となりました。今でも、魅力的な田中氏の情報が寄せられて嬉しい悲鳴を上げています。

日本は一つの国家として2000年以上の歴史を持ちます。つまり、今生きている私たちの先祖は、2000年以上前に存在していたということです。その長い歴史の中で、様々な名字や家紋が生まれました。最近は自分の先祖や名前の由来に興味を持つ人が増えているようです。先祖や拠り所となる名字とのつながりを求めるのは、人とのつながりが希薄になっている社会に対する危機感の現れかもしれないと感じます。

「日本の博物館の父」と呼ばれる田中芳男氏は、パンフレットや食事処の箸袋など、実に様々なものを収集し、残しました。当時は、価値を認められなかったものでも、時が経てば歴史的に価値のある物となる場合もあります。いずれにしても、記憶を文字や見えるものとして後世に残すことは、今を生きる我々の未来への責任であると考えます。

この本は、田中氏だけをテーマにしましたが、田中氏以外の方々にも自分の名字や家系に関心を持っていただくきっかけとなれば嬉しい限りです。

本の発案者として貴重な機会をいただいた、株式会社理創の田中啓之社長に心から感謝を申し上げます。また、本のタイトルを考えていただいた、株式会社グランドビジョンの中尾賢一郎社長、本の編集等でアドバイスをいただいた株式会社梓書院の前田司氏にも大変お世話になりました。この場を借りて、お礼申し上げます。

令和5年10月　宇野秀史

【おもな参考文献】

『姓氏家系大辞典　第二巻下』　角川学芸出版
『ＮＨＫにんげん日本史　田中正造』　小西聖一　株式会社理論社
『福岡県史　近世史料編　久留米藩初期・上』
『新訂　寛政重修諸家譜』第十二・第十八・第十九・第二十・第二十一・第二十二
『清和源氏７４０氏族系図』　千葉琢穂　展望社
『系図纂要　第13冊下　号外（２）』　名著出版
『系図纂要　第10冊下　清和源氏（３）』　名著出版
『系図纂要　第６冊上　藤原氏（９）』　名著出版
『日本姓氏大辞典　解説編』　丹羽基二　角川書店
『日本名門・名家大辞典』　森岡浩（編）　東京堂出版
『新編　氏姓家系辞典』　太田亮　秋田書店
『日本の氏姓大総鑑』　日正出版
『Webなんでも鋳物館』　アイシン高丘株式会社運営
『徳川期近江鋳物師の他国出稼』　藤田貞一郎
『起業家魂　四代記』　参松工業株式会社創業八十周年記念史
『田中清玄自伝』　田中清玄・大須賀瑞夫　ちくま文庫
『世界を行動する』　田中清玄　情報センター出版局

『小説　田中久重』　童門冬二　集英社文庫
『東芝の祖　からくり儀右衛門　日本の発明王田中久重伝』　林洋海　現代書館
『田中角栄完全ガイド』　株式会社晋遊舎
『田中角栄　相手の心をつかむ「人たらし」金銭哲学』　向谷匡史　双葉社
『福岡地方史研究43』特集＝福岡人物史⑦「光頭無毛文化財・田中諭吉の生涯」（田中美帆）
『博学博多 Vol.169　アイデアマン田中諭吉』（西日本新聞、2011年2月26日号）
『「ACROS」福岡クリエーター人物伝　田中諭吉』（アクロス福岡　2016年2月）
『企画奥の手』（田中諭吉著　1961年、積文館）
『有無庵追憶』（1986年9月、㈱マスプロ）
『近代日本の橋梁デザイン思想』（財団法人東京大学出版会）
『土木学会誌 Vol.104』
『博物館学人物史　上』（雄山閣）
『田中芳男文庫と『捃拾帖』について』（東京大学総合図書館）
『伊藤圭介から田中芳男に引き継がれた天産物研究構想』（神奈川大学日本常民文化研究所、土井康弘）
『これは凄い東京大学コレクション（とんぼの本）』（新潮社）
『RRR Vol.75』（公益社団法人鉄道総合技術研究所）
『家紋大図鑑』　丹羽基二　秋田書店

【編集協力】

財団法人立花家史料館／田中吉政公顕彰会／柳川古文書館

【お世話になった方々・団体（敬称略・順不同）】

《田中家縁の皆さま》

田中綾子／吉田良子／田中啓之／田中美智香／田中稔眞／田中利旺／田中重雄／田中千雄／田中邦昭／田中啓／田中賢／田中賢治／田中慈郎／田中新次／田中範行／田中晴美／田中靖洋／田中泰裕／田中義照／田中和歌子／田中勉／田中智子／田中佐智登

《ご協力いただきました皆さま》

榮恩寺／大谷芳子／乙木新平／金子俊彦／川口玲子／河野光明／清田準一／古賀政文／金戒光明寺／坂口政文／塩塚純夫／塩谷達昭／嶋井安生／志村宗恭／新宮松比古／箱嶌八郎／眞勝寺／徳重邦子／中尾賢一郎／中島之啓／野下誠司／林田晶子／日牟禮八幡宮／平田喜勝／品照寺／益永亮／宮川東一／村山聖吾／矢加部尚武／山際千津枝／山本健治／結城孝／横田進太／横山武次／和佐野健吾／前田司／穴井玖瑠美／北村義弘／梅田麻子／宇野久美子

【企画・制作】

株式会社理創／株式会社ビジネス・コミュニケーション／株式会社グランドビジョン／株式会社梓書院

[監修] 半田 隆夫（はんだ たかお）

昭和13（1938）年、大分県中津市に生まれる。大分舞鶴高校、九州大学大学院文学研究科修士課程（史学専攻）修了。九州共立大学、放送大学福岡学習センターを経て現在は、福岡女学院大学生涯学習センター講師。平成8（1996）年12月「神神と鯰」、平成11年2月「神佛と鯰」、平成17年2月「神佛と鯰　続1」のテーマで、東京・赤坂御所にて秋篠宮殿下に御進講。著書に『九州の歴史と風土』、『中津藩　歴史と風土』1～18輯、『豊津藩　歴史と風土』1～10輯、『薩摩から江戸へ―篤姫の辿った道』共著に『福岡県史』（近世史料編）、『大分県史』（近世編2、4）、『藩史大事典』（第7巻）。田中吉政公顕彰会理事。福岡県柳川市在住。

[著者] 宇野 秀史（うの ひでふみ）

昭和40（1965）年熊本市生まれ。熊本県立第二高校、京都産業大学経営学部卒業後、地元出版社で経済誌の営業を担当。平成19（2007）年7月独立、コミュニケーションの促進を目的としたツールの企画・製作、人と人、企業と企業をつなぐ活動に力を入れる。平成23（2011）年7月中小企業向けビジネス情報誌「Bis･Navi」を創刊。株式会社ビジネス・コミュニケーション代表取締役。福岡市在住。
著書に『トップの資質』（共著）、『田中吉政』（解説）がある。

[漫画] 松本 康史（まつもと やすふみ）

昭和52(1977)年生まれ。アシスタントを経て秋田書店など商業誌で連載。映画「バクマン」本編のオリジナルマンガ（劇中マンガ）の作画他も担当。

[総合企画] 田中 啓之（たなか ひろゆき）

昭和32（1957）年福岡市生まれ。ダスキン、いすゞ自動車を経て、事業用建物コンサルタントとして昭和58（1983）年株式会社理創を設立、代表取締役に就任。現在、福岡市内で20棟余の貸しビルを経営するなど活躍。金剛禅総本山少林寺拳法福岡市協会会長。田中吉政公顕彰会理事。
福岡市在住。

田中《たなか》の田中《たなか》による田中《たなか》のための本《ほん》

日本《にほん》を動《うご》かした田中一族《たなかいちぞく》【2】

令和5年11月30日初版発行

監　修　半田隆夫
著　者　宇野秀史
漫　画　松本康史

発行者　田村志朗
発行所　㈱梓書院
福岡市博多区千代3-2-1
TEL092-643-7075

印刷・製本／シナノ書籍印刷

ISBN978-4-87035-787-7

※この物語は史実を基に一部脚色して構成したものです。